你其实不懂行为心理学

柯茂林⊙著

Behavioristic Psychology

破译行为背后的心理玄机

羊城晚报出版社
·广州·

图书在版编目（CIP）数据

你其实不懂行为心理学 / 柯茂林著. —广州：羊城晚报出版社，2013.10

ISBN 978-7-5543-0058-9

Ⅰ. ①你… Ⅱ. ①柯… Ⅲ. ①行为—心理学—通俗读物 Ⅳ. ①B84-063

中国版本图书馆CIP数据核字(2013)第197698号

你其实不懂行为心理学

Ni Qishi Budong Xingwei Xinlixue

选题策划　方　敏
责任编辑　方　敏
责任校对　胡艺超
绘　　画　刘翠婷
责任技编　张广生
装帧设计　友间文化
出版发行　羊城晚报出版社（广州市东风东路733号　邮编：510085）
　　　　　网址：www.ycwb-press.com
　　　　　发行部电话：（020）87133824
出 版 人　吴　江
经　　销　广东新华发行集团股份有限公司
印　　刷　佛山市浩文彩色印刷有限公司（南海区狮山科技工业园A区）
规　　格　880毫米×1230毫米　1/32　印张9.375　字数200千
版　　次　2013年10月第1版　2013年10月第1次印刷
书　　号　ISBN 978-7-5543-0058-9/B・38
定　　价　28.00元

Preface 人人都能成为读心神探

人为什么会笑？为什么要哭？这似乎是一个再简单不过的问题，很多人会不假思索：高兴的时候笑，不高兴的时候哭。然而，事情真是这样吗？

蒙娜丽莎的微笑曾让无数人百思不得其解：她笑得如此神秘，让人难以捉摸，内中到底隐藏着怎样的秘密？很多人为此纠结，并做出种种猜测，直至精神分析大师弗洛伊德揭开了她的神秘面纱：原来，在蒙娜丽莎谜一般的微笑里，隐藏着画家达·芬奇的恋母情结，即对生母的眷念之情。

不仅是笑，哭也隐藏着众多的心理奥秘，如长歌当哭、鬼哭狼嚎、猫哭老鼠、牛衣夜哭、街号巷哭、鬼哭天愁……显然，不一样的哭法隐藏着不一样的心理密语。

可见，平凡的生活现象往往隐藏着不平凡的心理含义。这就需要我们拥有犀利的眼神和读心神探一般的思维，透过现象看本质，读懂生活内中的奥妙。

在纷繁复杂的生活行为里，心理活动就像一双幕后推手在操控着“台前表演”。每一个司空见惯的日常行为，每一个习以为常的生活习惯，都隐藏着不易发现的心理秘密。这需要我们借助一定的工具将生活行为还原为心理特征，甚至在此基础上衍变出读心和攻心的技能。

一旦掌握了这个工具，每个人都可以成为读心神探。

只是，这个工具是什么呢？

随着医学的发展，越来越多的科学家发现：人的心理活动，通过人体的植物神经系统，作用于生理功能，从而表现出生活行为。譬如，在人的面部，有12对与表情有关的肌肉即表情肌。不同心情之下的笑和哭，会影响到不同的表情肌——借助对这些表情肌的分析，就可以反向推导出一个人的真实情绪。

所以，成为读心神探的前提条件是掌握这些科学道理，而不是凭空臆测，更不是算命先生的阴阳八卦。

当然，透过生活行为来分析其背后所隐藏的动机，不仅仅需要借助医学知识，还需要借助人性学、历史学、社会心理学等多学科知识。

比如，男人往往有摸下巴的习惯，这种习惯的心理特点就是为了显示男人的自信。之所以得出这样的结论，需要从历史学里寻找答案——远古时代，人类尤其是男人的下巴是凸突的，这种结构往往方便男人与动物撕咬搏斗，显然，在缺乏武器的时代，撕咬不啻为最好的防身武器，而凸突的下巴更方便攻击。值得注意的是，远古时代的女人往往待在山洞里，而不像男人一样四处狩猎。因此，下巴的撕咬功能曾经是男人最好的攻击武器。如今的男人虽然不再需要借助下巴来攻击，但是潜意识里依然摆脱不了借助摸下巴来显示自信的习惯。

目 录

Contents

个人篇

生活篇

家庭篇

社会篇

Chapter 01

第一章

从虐猫事件看攻击本能

第一节
触目惊心的虐猫事件

2012年3月29日，《重庆商报》以《猫咪遭虐苦撑7天等救援，双眼被烧瞎前肢折断》为题报道：

近日，重庆一小猫双眼被人烧瞎，前肢被人砍断，伤痕累累地独自在废报纸中苦撑7天，最终获救。3月29日，记者来到重庆九龙坡区某宠物医院看到，受虐的小猫打着点滴奄奄一息地躺在病床上，被纱布包裹着的身体不时地抽搐着。宠物医院的医生告诉记者，小猫刚做完截肢手术，目前生命特征非常微弱。

一石激起千层浪。人们在谴责这起虐猫事件的同时，不禁大声呐喊：是什么人干出如此丧尽天良的事情？更有人疾呼：虐猫事件何时了？

曾几何时，媒体透露了一系列虐猫事件，引起社会各界人士的极大愤慨。

2006年3月1日，《北京晨报》报道：

一组变态残忍杀猫的图片被各网站广泛转载，引起网民愤怒。从图片上看，杀猫者是一名时髦女郎，并且毫不在乎地面对镜头。

一些网民自发地将杀猫者照片制成通缉令，寻找杀猫凶手。

残忍杀猫场景由一组图片组成。大致顺序是，一名时髦中年妇女微笑着怀抱可爱的小猫，场面温馨，接着该妇女将小猫放到地上轻柔抚摩，然后她用尖尖的高跟凉鞋鞋跟踩进小猫的嘴巴和眼睛，小猫吃惊绝望地回头，最后是小猫脑袋被踩碎死去，而中年妇女若有所思地眺望远方。

2005年12月6日，《新闻晨报》报道：

复旦大学一名三年级研究生在半年时间内，从网友处领养了近20只小猫，对这些小猫先残害再抛弃，其虐猫行为引起广大校友愤怒。事情发生后，当事人在网上发表了《自白书》，叙述了自己从养猫到打猫发泄并弃猫的经历。

事例不胜枚举，如此触目惊心的报道震撼了无数人的心灵！人们纷纷疾呼：这些人何以如此道德沦丧，竟做出如此残酷而无人性的虐猫行为！其实，相关的报道不在少数——在百度搜索输入“虐猫”，赫然可见约2570000个相关结果！

米兰·昆德拉在《生命中不能承受之轻》中说：“对于人性，道德上的真正考验，根本性的考验，在于如何对待那些需要他怜悯的动物。”如果以此来考量，那些虐猫的人都是缺乏人性的。

但是从心理学上来说，我们不禁想起黑格尔的那句名言：存在即合理。推而广之，任何离奇事件的背后都隐藏着不易被觉察的心理规律。换一个角度来看，我们无须过多从道德层面看待虐猫事件，倘若能掌握其背后的心理规律，自然能对虐猫事件作出更理性的分析。只是，这里面到底隐藏着怎样的心理规律呢？

海外趣闻

英国"虐猫大婶"遭起诉

2010年9月21日，中国新闻网报道，因被摄像头拍下把一只小猫丢进垃圾桶而遭到网友声讨的英国"虐猫大婶"本周一遭到起诉，罪名为虐待动物。

英国防止虐待动物协会的一位发言人表示，肇事者、45岁的银行职员玛丽·贝尔面临的另一项指控为未能为小猫提供舒适的环境。

贝尔将于10月19日在英格兰中部考文垂出庭，接受当地官员的质询。

每项罪名都足以把她送进监狱，并终身禁养动物。

这只名为萝拉的小猫据称被困在塑料移动垃圾桶里长达15个小时，直到它的主人达里和斯蒂芬妮·曼恩听到它的凄惨叫声才获救。

猫主人在自家安装的视频监控录像中发现了"虐猫大婶"的行径。由于爱车屡次被其他车辆刮蹭，他们安装了监控系统。

这段虐猫视频被上传至YouTube视频分享网站，并在Facebook网友中引起公愤，部分网友还威胁玛丽·贝尔的人身安全。

第二节
虐猫事件背后的攻击本能

从心理学角度解析虐猫事件，就不得不提到精神分析学派首创的一个专业名词——攻击本能。

据说，赫赫有名的西伯利亚魔鬼训练营有一项特殊训练技巧，那就是将学员置于渺无人烟的大森林中，用极其苛刻的魔鬼训练法让学员濒临精神崩溃，以此来激发学员最强的攻击欲望——在极度压抑之下，人的攻击本能得到最大的激发，正所谓“不在沉默中爆发，就在沉默中灭亡”。得益于此，被极度压抑感激怒的拳手一旦获得自由，几乎都成了冷酷无情的“杀人机器”，西伯利亚魔鬼训练营从此让人谈虎色变。

其实，弗洛伊德早就指出攻击本能是人类与生俱来的一种本能，他说：“人类不是希望被爱的友好的动物。相反，他们具有很强的攻击本能。”

现实生活中，攻击本能随处可见。特别是在情绪苦闷之下，攻击本能往往被放大并体现出来——越压抑，攻击本能表现得越明显，因为攻击能够使紧张情绪得到缓解，宣泄掉紧张情绪之后，人的攻击

本能就可得到一定的放松。司空见惯的例子是：当你连连遭遇挫折时，就会烦躁不安，你可能会选择言语攻击，如骂脏话或用刁钻刻薄的话挖苦别人；也可能选择非言语攻击，如打砸物品或打人。

由此可见，情绪压抑是导致攻击本能突出表现的一个非常重要的原因。

因此，我们不应简单地用道德标准来评价虐猫事件，而应透过现象看本质：仔细分析，抛开吸引眼球的因素，每个虐猫事件的背后几乎都隐藏着情绪压抑的影子。

以复旦大学研究生的虐猫事件为例。

时下，很多学生的精神世界非常缺乏阳光：学习压力、就业压力、社会适应不良……种种难以承受的压力常常让一些学生心理压抑苦闷，几至精神崩溃。因为心理郁闷，学生的攻击本能就被激发并放大，既可表现在内部攻击行为如自伤、自残、自杀等，也可表现在外部攻击行为，如顶撞老师、同父母吵架、斗殴、伤人等。

深究起来，虐猫行为很可能是学生发泄内心苦闷的一种外部攻击行为。一个浅显的道理是，当一个人无法对侵犯者还击时，往往会找一个替罪羊发泄一通。依此看来，学生的虐猫表现与西伯利亚拳手的冷酷杀招有异曲同工之妙。一言以蔽之，虐猫行为实质上是学生用攻击本能来发泄心中郁闷、缓解紧张情绪的一种方式，只不过是选择了极端的方式。

所以，从另一个角度看，我们应该感到庆幸，因为学生选择了攻击动物而不是人类。想想吧，如果他们选择了以伤害自己或他人的方式来发泄，就像多年前的马加爵事件，后果岂不更加不堪设想？

明白了这个道理，我们不应过多指责学生，相反，我们应该多多体谅他们内心的苦楚。反问一句：如果不是心理被过分“虐待”了，他们会选择这样极端的发泄方式吗？当他们干出如此粗暴残忍的事情而面不改色心不跳时，难道说他们的天性真的“泯灭”了？那么，到底是谁让他们“泯灭”了天性？

一个关键的答案就在于——压抑之下的不当攻击本能在作祟。

试想：到底是谁“虐待”了学生的心灵，以致他们如此压抑苦闷竟至出现如此极端的虐猫行为？有多少成年人在无意中充当了西伯利亚魔鬼训练营教官的角色？当学生成为类似西伯利亚魔鬼训练营学员的冷酷“杀手”的时候，我们为什么不指责“教官”而指责“学员”？

所以，学生也是受害者，尽管他们的行为难以让人接受。当一些成人道貌岸然地指责这些孩子的冷酷无情时，难道不可笑吗？弗洛伊德倘若地下有知，一定会苦笑得从棺材里坐起来。

不仅是孩子感受到压抑，其实成人也感到苦闷。社会压力带来的苦闷日益发酵，少数成人选择了不当攻击行为如虐猫行为，内中奥秘同样在于没有选择理性的宣泄渠道！

掩卷沉思，虐猫的本质往往是一种极端不理性的宣泄行为。

因此，为一些孩子乃至成人减压，并帮助他们选择正确而理性的心理排解途径，才是解决问题的根本之道！

○学海泛舟

关于攻击本能的学术解读

1920年，心理学家弗洛伊德在《超越快乐的原则》一书中首次提出了“死亡本能或攻击本能”的概念。在他看来，所有的人，所有的细胞动物甚至所有有生命的物质，都有两种基本动力：生的本能和死的本能或攻击本能。

和弗洛伊德不同的是，动物学家、生理学家和社会学家洛伦兹在《攻击与人性》一书中，主张生物和人的攻击性并非与求生的本能相对立，而是生物自我保存天性的表现。

针对弗洛伊德和洛伦兹的先天性侵犯理论，美国社会学家、心理学家，受过马克思早期思想熏陶的弗洛姆，做了“论侵犯性行为的起源”的演讲。

著名心理分析学家、法兰克福学派的主要代表马尔库，在《爱欲与文明》一书中，对人的侵犯性更加注重社会环境因素做了解读。

美国著名心理学家马斯洛则从需要层次理论出发，在《动机与人格》一书中，对人的侵犯性行为提出了新的见解。

第三节
生活中的暴力闪念比比皆是

诸如虐猫之类的极端行为其实只是少数，更多的是生活中的暴力闪念。

设想一天傍晚，你焦头烂额地忙了一天，回到家却还不能休息，家里似乎有忙不完的事情在等着你：既要为业余苦读的研究生课程备考，又要陪孩子玩耍，而且妻子还喋喋不休……可是，研究生备考教材是如此费解，开头几页就读不懂，你一遍又一遍地看，逐字逐句地琢磨，还是不明白。你非常烦闷，甚至对自己的学习能力产生了怀疑。这时，孩子吵着闹着让你带他出去玩，爱人为你整天不着家而唠叨不止，你会有什么反应呢？

这种情境下，大部分人会体验到强烈的郁闷感，他们的反应很可能是攻击他人——爆几句粗口，说几句气话，顶撞妻子几句，没准会冲孩子动手，甚至想狠狠地砸东西。

这就是日常生活中常见的郁闷心境和攻击行为之间的联系，其根源就在于攻击本能。

生活中的攻击事件比比皆是，甚至衍变为恶性杀戮。

2013年4月16日下午，复旦大学官方微博发布消息称，该校2010级硕士研究生黄洋，经抢救无效，于当天下午3时23分在上海中山医院去世。上海警方表示，在该生寝室饮水机内残留水中检测出某有毒化合物成分，认定其寝室室友林某有作案嫌疑。后来，林某被警方刑拘。经警方初步查明，林某因生活琐事与黄洋不和，心存不满，经事先预谋，于3月31日中午，将其做实验后剩余并存放在实验室内的剧毒化合物带回寝室，注入饮水机水槽。4月1日早晨，黄洋饮用饮水机中的水后出现中毒症状，后经医院抢救无效于4月16日下午去世。

一石激起千层浪。无数人在感慨：这是一场人性的悲剧！究其实，攻击本能之下，人性之中隐藏着一只“猛虎”。

社会生物学家爱德华·威尔逊在他的《人类的本性》中，把人类的攻击性归于人类本性的集合之中。“既不能说成是天使的瑕疵，也不能说成是动物本能。它也不是恶劣环境的病态产物。人类有一种强烈的本能，面对外部威胁，他们会因仇恨而做出丧失理智的反应，其敌对情绪会逐渐升级，终于战胜外来威胁，以确保自身安全。”而丧失理智的极端形式就是杀戮。杀戮的原因或者为自卫，或者为攻击，或者为报复。只要动物性存在，人类便不会失去用杀戮的形式来进行报复或者自卫的本能，就像电影《少年派的奇幻漂流》中少年派心中的猛虎一样。

然而，这并不是说杀人者就是可以被原谅的，因为人性同样有光明的一面。可以这么说，当面对人性中恶的冲动时，站在正义与邪恶的分割线上，究竟是该跳下深渊落入万劫不复，还是退回来坚守正义、做一个更好的人，确实是可以由人的自由意志所选择的。而在黄洋一案中，不管出于什么样的动机，投毒者在那一刻让人性的幽暗操纵了自己的身心，毁了另一个年轻人本该盛放的生命，也毁了自己。

也许有人觉得，如此血腥的事件离我们还很远，可是反观身边的生活，就不难发现暴力的阴影——当你切齿痛恨一个人的时候，会不会产生一闪念：真想杀了他；当你偶然爬上高楼的阳台，会不会突然冒出一股冲动：干脆跳下去算了；当你爱上一个人的时候，却总是在心情不好的时候朝他莫名其妙地发火，仿佛越爱他、越恨他……

生活中的暴力闪念是如此普遍存在，以至于让很多人迷惑不解。其实这背后都有一个幕后推手——攻击本能，外加一个“发酵剂”——情绪压抑。

话题至此，有必要阐述一下“国骂”的奥秘。之所以“国骂”流行，很可能是人们内心需要宣泄的烦闷太多了，因为说脏话是在满足那些被压抑了的攻击意图。对此，美国心理学家和脏话专家迪蒙瑟·杰这样解释：“咒骂是人类的原始本能，甚至是人类灵魂的止痛剂，因为咒骂能让我们的脑子自由。”

越压抑就越需要得到即刻的发泄。在我们所能采用的宣泄途径中，说脏话无疑是最容易实现、起作用最快速最直接的选择。要宣泄就要有出口，事实上，人们也一直在充分利用身上的出口表达攻击：瞪眼，通过眼睛流露出愤怒和怨恨；还有人喜欢用吐沫啐人，也是一样道理。

我们不得不承认，有时候真的想结结实实地把某些人揍上一顿。但事实上，绝大部分时候你没有碰过他们，最多只是骂几句“FUCK YOU”而已——多数时候还是在背后骂的。此时，这些脏话就代替了你的拳头。

当然，在某些特殊的场合，说脏话能帮助我们更快地融入团体。如果一群朋友邀请你参加派对，在场的每个人都在抽烟，你就很难不抽，哪怕你其实很讨厌抽烟这种行为。同样，当大家都在爆粗口，如果你独善其身就显得有些另类。

趣味八卦

女人说脏话比男人少吗?

没有任何实证支持，性别是决定说多少粗话的因素。

美国语言学家托马斯·穆雷在记录下4000名男女学生的谈话后发现，不管是男人还是女人，脏话从他们嘴里蹦出来的时间比例一样多。实际上，我们头脑中女性不说脏话的观念，只是来自那些穿梭在办公室，受过高等教育的女性形象。在一些边远农村，不少妇女可以扯着嗓门隔着一条马路相互对骂，其运用脏话的熟练程度常常让男人也瞠目结舌，甘拜下风。

而绝大多数现代女性在公开场合尽量控制自己的言行，主要是受到社会教化的影响。通常，社会大众对说脏话的男人更为宽容，认为他们不拘小节，甚至有男子气。而女性如果在公开场合说脏话，需承担的压力比男人高得多，所以她们需要更大的勇气去面对周围人的评价和眼光。

第四节
别为偶然出现的攻击冲动过于自责

攻击本能之下，生活中的暴力闪念成为一种常态。但是，我们也没必要因此而过分担心，没有必要为自己偶然出现的攻击行为和攻击冲动过于自责和害怕，因为对大多数人来说，谁都有可能焦虑不安，谁也都有一念之间的“恶性”冲动，这没关系！只要你没有付诸行动，动动念头其实不要紧，它可能是另一种形式的化解。

值得注意的是，少数人因为曾遭受心灵创伤，所以习惯用攻击外界的方式来释放紧张、烦闷的感觉，这就需要我们高度关注这些没有得到修复的心灵创伤。

精神分析理论告诉我们，过激的暴力性往往来自于童年的创伤经历。显而易见的例子是，如果家庭中经常有人用拳头解决问题，那么就要当心自己将来对妻子儿女的态度；如果父母一方惯用仇恨、敌意的方式看待与他人的矛盾，可能会影响子女解决问题的态度。

当然，矫治这些心灵创伤之下的不当攻击行为需要全社会的关注和努力，包括每一个组织、每一个家庭乃至每一个人。

另外，从长远看，我们也可以尝试着用一些健康和积极的方法来宣泄不良情绪，诸如跑步、打沙袋、打篮球等。同时，也可以尝试用别的方式解决问题。例如，有人在图书馆里大声说话让你火冒三丈，此时，你可先等5秒钟，然后很礼貌地站起来对他说："这里是图书馆，请注意保持安静。"

总之，情绪宣泄是一门学问，只有掌握了合理情绪宣泄的方法，才能从根本上防范不当攻击本能的肆意发挥。那么，如何做到合理情绪宣泄呢？

我们都有过这样的体验：在一个教室或会议室里，很多人正在上课或开会，这时，有一位仁兄突然忍不住地想要放一个屁，但是当时的情形显然不允许，因为放出的臭屁会带来"空气污染"，那么该如何是好呢？最好的方法当然是到室外找个没人的通风的地方痛快地放一个响屁，然后没事一样地回来。如果实在不能出去，退而求其次的方法是偷偷地放一个闷屁，虽然不太"光明正大"，但也是没办法的办法，否则突然的"雷响"加上恶劣的气味一定会招来公愤，轻则遭受白眼，重则招致辱骂甚至拳脚相加。

根据这个司空见惯的例子，我们不难得出合理情绪宣泄的三条原则：

其一，情绪宣泄不宜带来情绪污染。就像在公众场合不宜公然放屁而带来"空气污染"一样，情绪宣泄也不宜给旁人带来情

绪污染。

现实生活中，很多人疏忽了这一原则，比如在单位受了气，憋了一肚子火，回到家后拉着脸，让家人无所适从，战战兢兢，甚至将无名之火发泄到家人身上，使得本来和谐的家庭氛围顿时一扫而光。显然，这是一种不明智的做法。

其二，即使控制不住自己的糟糕情绪，也要采取不动声响的宣泄方法。就像实在憋不住了放一个闷屁一样，情绪宣泄也不宜采取激烈方法。

比如，两口子闹矛盾了，因为家庭琐事意见不统一，或者因为掺杂其他因素而几至情绪失控，两个人都觉得“不吐不快”，不抱怨攻击几句就不解恨。这时候，如果任由“战争升级”而“全武行”或“河东狮吼”，事情只会越来越糟糕，理智的做法是不动声响，各自用冷静的方法宣泄情绪，比如出去散步、关门看书等，都不失为理性的方法，等到糟糕情绪缓解后，事情就可以向良性方面发展了。

其三，每个人都应有一个适合自己的宣泄情绪的空间。就像最好的方法是找一个没人的通风的地方放屁一样，每个人都应有一个既不被外界干扰也不干扰外界的宣泄空间。

有一位公司中层领导，每逢压力大而过于压抑时，他就会驾车到郊外的一处小树林，找一个空地痛快地对着空气拳打脚踢一番，大汗淋漓之后，情绪也平缓下来，他就会擦擦汗，收拾收拾心情，像什么事都没发生一样平静地回来，干劲十足地继续之前的工作。显然，这是一种值得肯定的宣泄方法。

掌握了这三个原则，合理情绪宣泄就有了方向和方法。所谓“大禹治水，疏导为上，堵截为下”。当我们认识到攻击本能的本质和规律后，就应该多多揣摩情绪宣泄的技巧和方法，如此才是治本之道。

○生活读心术

肢体语言预示攻击倾向

把头部高高昂起，同时下巴向外突出，是显示强势、无畏或者傲慢的态度。人们可以通过这个姿势刻意地暴露出自己的喉部，并且让自己的视线处于更高的水平。这样就能以强势的态度俯视他人。事实上，正是高水平的睾丸激素造就了宽大的下巴，这也就是为什么突出的下巴总是与威严感和侵略性紧密相随的原因。已逝的前英国首相撒切尔夫人就习惯高昂起下巴来展现其桀骜不驯的个性。

压低下巴的动作意味着否定、审慎或者具有攻击性的态度。通常情况下，人们在低着头的时候往往会形成批判性的意见。

对别人的观点或者态度持反对意见，但又不愿意直言，那么很可能用某些肢体语言来表达自己的感受。如从自己的衣袖上拂去并不真正存在的绒毛。

两手叉腰这一世界通用的身体姿势，它传递出随时准备发起攻击的信号，显示出对战斗准备就绪的状态。不过，在菲律宾和马来西亚，这个姿势所传达出的气恼与暴怒的讯息更为强烈。

双腿分开的姿势是一个纯属男性专用的姿势。事实上，当黑猩猩试图在猩群中间建立自己的权威时，也会做出这个姿势。

Chapter 02

第二章

从九只狐狸的故事看心理防御

第一节
九只狐狸的故事

2006年第17期的《读者》刊登了《九只狐狸与压力应对》一文，文中讲述了这样一个故事：

盛夏酷暑，一群口干舌燥的狐狸来到一个葡萄架下，一串串晶莹剔透的葡萄挂满枝头，十分诱人。狐狸们馋得口水直流，可是葡萄架很高。

第一只狐狸跳了几下摘不到，从附近找来一个梯子，爬上去满载而归。

第二只狐狸跳了多次仍吃不到，找遍四周，没有任何工具可以利用，笑了笑说："这里的葡萄一定特别酸！"于是，心安理得地走了。

第三只狐狸高喊着"下定决心，不怕万难，吃不到葡萄死不瞑目"的口号，一次又一次跳个没完，最后累死在葡萄架下。

第四只狐狸因为吃不到葡萄整天闷闷不乐，抑郁成疾，不治而亡。

第五只狐狸想："连个葡萄都吃不到，活着还有什么意义

呀！”于是找个树藤上吊了。

第六只狐狸吃不到葡萄便破口大骂，被路人当头一棒子结果了性命。

第七只狐狸抱着“我得不到的东西也决不让别人得到”的阴暗心理，一把火把葡萄园烧了，遭到了其他狐狸的共同围剿。

第八只狐狸想从第一只狐狸那里偷、骗、抢些葡萄，也受到了严厉惩罚。

第九只狐狸因为吃不到葡萄气急发疯，蓬头垢面，口中念念有词：“吃葡萄不吐葡萄皮……”

本是一个虚构的故事，却给人很多启迪。不妨对这九只狐狸做简单分析：

第一只狐狸属于灵活进取型，常言道：换个思路，海阔天空，即属此类。

第二只狐狸属于精神胜利型即酸葡萄心理——心理学早就揭示，酸葡萄心理本身没有错，过度酸葡萄心理才是错，所以第二只狐狸虽然没摘到葡萄但是不郁闷。

第三只狐狸属于机械偏执型。精神固然可嘉，“一根筋”的方式却不太妥当，最终让自己苦不堪言甚至没命。想想看，现实生活中有多少人因为“一根筋”而痛苦不堪呢？

第四只狐狸属于抑郁寡欢型，既容易让人联想到《红楼梦》中的林黛玉，也容易让人联想到时下的一个常见医学名词——抑郁气质。

第五只狐狸属于剑走偏锋型。摘不到葡萄就选择自杀，着实有些偏激！但愿是一念之差，否则现实生活中的一些自杀案例不好解释。

第六只狐狸属于愤世嫉俗型，堪称狐狸里的“愤青”。这个“愤青”有点可爱，只是可爱得不合时宜，动静大了难免遭受迎头棒喝。

第七只狐狸属于自私自利型——自己得不到，大家都别想得到。如果是私人物品倒也罢了，公共财产如此对待实在不妥。现实生活中有人见不得别人好，也是这一类型的写照。

第八只狐狸属于坑蒙拐骗型。不劳而获历来为大众所不容，自然不会有好结局。

第九只狐狸属于急火攻心型，碰到困境不够冷静，自我折磨，终至崩溃。

面临同一个困境，不同的思维方式和不同的心态带来迥然而异的结局。不得不说，类似的故事在现实生活中常常发生。

美国心理学家、合理情绪疗法创始人埃利斯曾指出：通常人们会认为诱发事件直接导致了人的情绪和行为结果，其实不然，人的情绪和行为是由于经受这一事件的个体对它的认知和评价所引起。

可见，事件并不重要，重要的是对它的看法和评价。只是，同一事件为什么会有不同的看法和评价呢？似乎冥冥之中有一双上帝之手在左右着每一个人的思维判断。这一双上帝之手又会是什么呢？

○智慧树

得不到的和不能得到的

有这样一个笑话：

生日到了，熊猫对大家说："我许了两个愿望，一个是可以把我的黑眼圈治好，另外就是希望有一张彩色照片。"

本是一个忍俊不禁的笑话，却道出了一个深刻的道理：愿望固然没有错，但是脱离实际的不可能实现的愿望无异于痴人说梦。

有这样一则寓言故事——

大鱼问小鱼："在一个钓钩上挂着一条又肥又嫩、肉质鲜美的蚯蚓，你们会想什么办法吃到它？"小鱼听了，便绞尽脑汁，构思最佳方案。第一条小鱼说："咬住蚯蚓的一端，使劲猛扯，把它从钓钩上撕扯下来。"第二条小鱼说："一点一点地躲避着钓钩慢慢吞食。"第三条小鱼说："猛吞钓钩上的美味，而后再快吐钓钩。"大鱼听后摇了摇头，把他们的回答全部给否定了。然后，意味深长地说："不要和诱惑较劲，不要总想怎样得到，而应远离，越远越好。"

所以说，有些东西虽然能得到手，但却是不能得到的。

第二节
冥冥中的上帝之手

其实，当一件困难的事情呈现在面前的时候，每个人都会以自己独特的心理方式去化解。这就是心理学上所说的心理防御，也即挫折的心理防卫机制。

所谓心理防御，是指个体面临挫折或冲突的紧张情境时，在其内部心理活动中具有的自觉或不自觉地解脱烦恼，减轻内心不安，以恢复心理平衡与稳定的一种适应性倾向。显然，心理防御具有一定的积极意义，能够使个体在遭受困难与挫折后减轻或免除精神压力，恢复心理平衡，甚至激发个体的主观能动性，激励个体以顽强的毅力克服困难，战胜挫折。

1894年，弗洛伊德在《防御性神经精神病》中第一次提出心理防御机制的概念，提出心理防御机制是“个体在潜意识中，为减弱、回避或克服本我和自我的冲突带来的挫折、焦虑、紧张等而采取的一种防御手段，借以保护自己”。但他当时只探讨了一种最常见的机制——压抑。实际上，在弗洛伊德精神分析学的早年，“压抑”一词就是心理防御机制的同义词。随后他又提出了不少心理防御机制，如投射、升华等，但弗洛伊德本人生前没有专门讨论心理防御机制。

遗憾的是，深受弗洛伊德教诲的弟子们对防御机制的重要性似乎都认识不足，也较少关注，只有他的女儿安娜·弗洛伊德是唯一的例外。

1936年，弗洛伊德的女儿安娜·弗洛伊德在系统研究的基础上扩展了心理防御机制的概念，认为自我防御机制是摆脱不快和焦虑，控制过度的冲动、行为、情感和本能欲望，以调节压抑与外界现实之间关系的一种方式或手段，其目的是减轻痛苦、维持内心平衡，同时又使外在表现符合外界现实的要求。她把“心理防御机制”这一术语用来指代不同的防御过程和策略。

此后，其他心理学家也陆续进行了补充，将这一概念发扬光大。值得注意的是，弗洛伊德的其他理论都在历史的年轮中遭受了其他心理学家的批判甚至诟病，唯独心理防御理论一直“永葆青春”，为后人所继承并发展。

事实上，要想彻底弄懂一百多年来的心理防御理论实在不是一件易事，不过我们可以掌握其中几种主要的心理防卫方式：

合理化心理，指个体的行为未达到所追求的目标或不符合社会的价值标准时，为了减少因挫折而产生的焦虑并保护自尊，就以种种借口来替自己辩护。例如常见的吃不到葡萄偏说葡萄酸的心理。

与酸葡萄心理类似的是甜柠檬心理。这来自于一则寓言：一只饥饿的狐狸走在路上，突然发现路边有柠檬，虽然柠檬很酸，但是一时找不到食物的狐狸照样吃得津津有味，还不停慨叹“柠檬真甜”。这种心理能够很好解释“为什么父母越干涉，恋人们爱得越深”的道理——越干涉，甜柠檬心理越发挥作用。

替代心理，指当一个人因种种原因无法达到原定目标或个人的动机与行为不为社会所接受时，为了适应社会需要，以另设的目标代替原来受阻的目标，以新的活动方式代替原来的活动方式，以弥补因失败而丧失的自尊和自信，减轻挫折造成的痛苦。比如许多人经历不幸而将不幸埋在心底，全身心地致力于未来事业而终于取得成功。“不幸是一所最好的大学”，这是别林斯基的一句名言。

积极的替代心理即升华心理值得表扬，而消极的替代心理则需警惕。比如，一个在成绩上难以出众的学生，很可能会通过其他不当方式来弥补“自尊”，如娴熟的网络游戏技巧、“成果丰硕”的“恋爱史”等，这其实是一种消极的替代心理。

认同心理，指把别人具有的、使自己感到羡慕的品质加在自己头上，或是将自己与所崇拜的人视为一体，以提高自己的信心、声望、地位，从而减轻挫折感。

如有的人想当演员，但条件又够不上，于是就模仿某一明星的发型、姿态、手势、服装等，宛如自己也成了大众所羡慕的明星一样，这也是追星族的常见表现。其他如“狐假虎威”、“东施效颦”等都是认同心理的例子。

投射心理，指把自己的失当行为、工作失误或内心存在的不良动机和思想观念，转移到别人身上，认为别人有这样的动机和行为，以此来减轻自己的内疚和焦虑，逃避心理上的不安，也就是人们平常所说的“以小人之心度君子之腹”。如疑心邻居偷自己家里东西的人，总觉得邻居像小偷。

《庄子·秋水》记载：庄子与惠子游于濠梁之上。庄子曰：“儵鱼出游从容，是鱼之乐也？”惠子曰：“子非鱼，安知鱼之乐？”庄子曰：“子非我，安知我不知鱼之乐？”

这段话翻译成白话文：庄子和惠施在濠水的桥上游玩。庄子说：“白鱼在河水中游得多么悠闲自得，这就是鱼的快乐。”惠施说：“你不是鱼，怎么知道鱼的快乐呢？”庄子说：“你不是我，怎么知道我不知道鱼儿的快乐呢？”

简短的故事，形象地阐明了投射心理的存在。

压抑心理是各种防卫机制中最基本的方法，指把意识不能接受的冲动、情绪、记忆等心理活动抑制到潜意识中去。如人幼年时的经验和许多无意识体验，到成年时期常常无法回忆，这是压抑作用的结果。

当然，压抑心理在现实生活中多以选择性遗忘的方式表现出来。例如，王老师的岳母相当势利，又爱挑剔，由于她一直觉得王老师配不上自己的女儿，多年来每次见到王老师总是冷嘲热讽的，令王老师十分难受和尴尬。一天，王老师的爱人生下一个儿子，于是请王老师通知各亲朋好友。王老师忙碌地打了一连串电话后，在与太太复核有无遗漏时，才骤然发觉自己居然忘了致电岳母大人。深究个中原因，就在于王老师用压抑的防卫方式来逃避面对岳母的痛苦。

否定心理，指对已发生的令人痛苦的事实加以“否定”，认为它根本没有发生过，以减轻心理痛苦。如小孩子摔碎了东西，常用双手把眼睛蒙上。所谓“眼不见为净”、“掩耳盗铃”等，都属于这种心理表现。

一位心理学家讲述过这样一个故事：在炎热的夏天，一位美女不小心掉到水里，但是美女不会游泳，眼看就要淹死了。这时，“英雄救美”的帅哥出现了，他跳到水里，费了九牛二虎之力将美女救上岸来。当美女在岸边醒过来时，她突然发现自己全身赤裸。万般羞涩之下，请问美女的第一反应是什么？

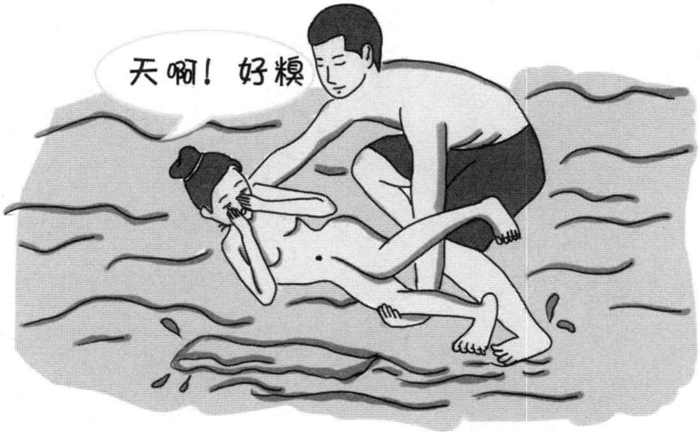

这个问题难倒了无数人。有人说“美女肯定号啕大哭”，有人说“美女肯定打帅哥一巴掌”，有人说“美女肯定赶紧找件衣服套起来”……这些表现都有可能，但都不是第一反应！正确答案是：美女一定会马上双手掩面，大喊一声“天啊”，然后才有可能找衣服套起来或号啕大哭。仔细分析，双手掩面的动作就是否定心理的突出表现。

幽默心理，指一个人遭遇挫折、处境困难或尴尬时，用幽默来化险为夷。

大哲学家苏格拉底在一次与客人谈话时，他脾气暴躁的太太忽然进来，大骂了苏格拉底一阵，又拿来一桶水往他头上泼。苏格拉底笑了笑，对客人说：“雷声之后就是大雨。”本来很难堪的场面，由于苏格拉底的幽默，也就一笑了之。

总之，挫折的心理防卫方式不一而足。正如很多心理学家所言，心理防御见于每个人的内心，总会以各种各样的言语或动作显现出来。

想想看，九只狐狸的故事里能见到多少心理防御的痕迹呢？

○禅心物语

苏东坡与佛印禅师的故事

苏东坡和佛印禅师是很要好的朋友，经常在一起谈禅论道。

一天，佛印禅师与苏东坡一起坐禅。苏东坡头脑一热，问道："你看我坐着像什么？"

"像一尊佛！"佛印禅师心平气和地回答。

苏东坡听了很得意。

佛印禅师反问："你看我像什么？"

苏东坡想捉弄一下佛印禅师，就连讥带讽地答道："像一堆牛粪。"

佛印禅师听了，依然神态自若，没有一点不高兴。

回到家后，苏东坡把今天跟佛印禅师对坐时的谈话经过详细地描述给苏小妹听。谁知小妹听完却连连摇摇头说："你输了！"

"为什么？"苏东坡感到很困惑。

小妹说："佛印师父心里想的是佛，所以他看你像一尊佛；哥哥你心里想的是牛粪，所以你看师父像一堆牛粪。师父嘴里走出一尊佛，哥哥你嘴里拉出一堆牛粪。你的臭嘴巴，还不是输了吗？"

苏东坡听了恍然大悟，惭愧不已！

这个故事形象而深刻地解读了投射心理，也就是佛教里的"佛心自现"或"相由心生"的道理。

第三节
心理防御的是与非

心理学发展到今天，对于心理防御的认识更加科学而深刻。这主要体现在两方面：一是对于心理防御普遍性的认识；二是对于心理防御辩证性的认识。

今天的心理学家已认识到，心理防御充斥于每个人的生活空间，比如性梦就是一种心理防御机制。

性梦是指与性活动、性爱刺激、性信号或性关系有关联的梦境，做梦者醒后可以回忆起梦的内容。在性梦中，男性可出现遗精，女性可出现性高潮等。性梦多见于年轻男性，随着年龄增长，频率不断下降。

心理学家认为，性梦大多代表一个人最原始的性欲望“本我”。平时，主宰是非判断的“自我”和主宰道德判断的“超我”，会压抑着本能的性欲。不少人还会将性梦与现实相混淆，以性梦为耻，不断地自责。最终，性梦会严重影响这些人的情绪和行为，对身心造成极大的危害。

实际上，性梦是人类一种完全正常的、无意识或潜意识的性心理活动，也是人们健康、普遍、常见的自身性行为之一，是机体自我调节性紧张和性冲动的自发措施，也是一种心理防御机制。

性梦多、含糊，说明性欲不能通过其他途径宣泄，在梦中变相地释放，表明性被抑制得过于强烈。相反，性梦如果清晰、明确，说明压抑少，性欲得到了充分释放，是件好事。

再如，谎言也是一种心理防御。

在“真心话大冒险”的游戏中，人们提出各种或刁钻或隐私的问题。无论有多么不情愿，游戏中被罚的人必须给予真实的回答。至于答案真实到什么程度，也只有本人才心知肚明。

事实上，在这个信息爆炸的时代，别人说得越多，我们想了解的也就越多，而且更加怀疑其真实性。“真相因人而异，人物不同，情感不同，真相也不同。”心理分析学家简-德·纳索说：“讲真话，只讲真话，这意味着要和现实建立直接的联系。但是，我们总是在演绎，那么这就是在说谎。更准确地说，这意味着真相是主观的，而且是受情感影响的。完全讲实话是不可能的。”

可见，在社会生活中，适当地掩盖真相是必不可少的，这就是一种习见性的心理防御方式。

总之，心理防御是普遍存在的，上至达官贵人，下至平民百姓，无不如此。然而，更值得我们深思的是心理防御的辩证性。

显然，我们很难对心理防御做一个简单的判断——在这些心理防御机制中，正当、合适、成熟的心理防卫能促使人走向成功，而不当、狭隘的心理防卫却可能带来极强的杀伤力！

古代有个文人叫梁灏，少年时曾立下誓言，不考中状元誓不为人。结果时运不济，屡试不中，受尽别人讥笑。但梁灏并不在意，他总是自我解嘲地说，考一次就离状元近了一步。他在这种自嘲的心理状态中，从后晋天福三年开始应试，历经后汉、后周，直至宋太宗雍熙二年才考中状元。为此，他曾写过一首自嘲诗：

天福三年来应试，雍熙二年始成名。
饶他白发头中满，且喜青云足下生。
观榜更无朋侪辈，到家惟有子孙迎。
也知少年登科好，怎奈龙头属老成。

自嘲使梁灏走过了漫长的坎坷路，终于走向成功；自嘲，也使他得以长寿，活过了古代难以逾越的九旬高龄。

梁灏的自嘲其实是幽默心理的表现。心理学证实，自嘲的幽默心理是对付压力和挫折的有效法宝，难怪梁灏能老而弥坚、越战越勇。

相反，一些不当心理防卫方式却让人非常担忧。比如时下，一些“后进生”的表现让教育工作者愁眉不展。

以“老油条”、“厚脸皮”的学生为例。所谓“老油条”、“厚脸皮”的学生，是指一些对批评教育置若罔闻、我行我素的学生。

曾有心理工作者对这类学生进行了“初中→小学→家庭”的溯源研究，结果发现，这类学生在家庭、在小学、在初中里大多经常受到家长、老师简单粗暴的斥责和惩处。这些斥责和惩处起初也曾给他们带来痛苦和恐惧，可是，痛苦和恐惧的次数多了，他们反而变得麻木了，也就“死猪不怕开水烫”了。

为什么会这样呢？

原因就在于不当心理防卫方式的作用——充耳不闻的否认心理被启动并被一次次地强化，斥责和批评在他们的潜意识中都被“否定”了。这种否认心理在他们所处的那个“备受惩处”的独特环境中具有心理防卫的意义——感受不到痛苦，避免情绪受伤。可是这种否定作用既已特化，就会在校内和校外、在学生时代和走向社会以后都发挥作用，就像大角鹿的巨大鹿角一样再也不会掉下来。这样，他们在别人眼里就是一个不肯接受批评、不愿改正错误的“老油条”、“厚脸皮”了。

当我们为孩子的教育而困惑的时候，如果细细分析“后进生”的内心世界，往往能看到不当心理防卫方式的阴影。

所以，心理防御是把“双刃剑”：运用得当，可如虎添翼，比如幽默心理、积极替代心理即升华心理等；选用不当，则无异于饮鸩止渴而导致恶性循环。

此外，任何心理防卫方式只宜适度而不宜过度。比如，合理化心理往往能减轻挫败感，一旦运用过度，则会让人的心理产生太多的惰性，从而失去应有的追求精神。站在这个角度来看，“阿Q精神”本身没有错，错就错在过分的“阿Q”。

最著名的莫过于胡适在《差不多先生传》里描述的“差不多先生”：

差不多先生凡事都能“安慰”自己，错一点没关系，差不多就行了。有一天，他忽然得一急病，赶快叫家人去请东街的汪大夫。家人急急忙忙地跑去，一时寻不着东街的汪大夫，却把西街的牛医王大夫请来了。差不多先生病在床上，知道寻错了；但病急了，身上痛苦，心里焦急，等不得了，心里想道：“好在王大夫同汪大夫也差不多，让他试试看吧。”于是这位牛医王大夫走近床前，用医牛的法子给差不多先生治病。不上一点钟，差不多先生就一命呜呼了。

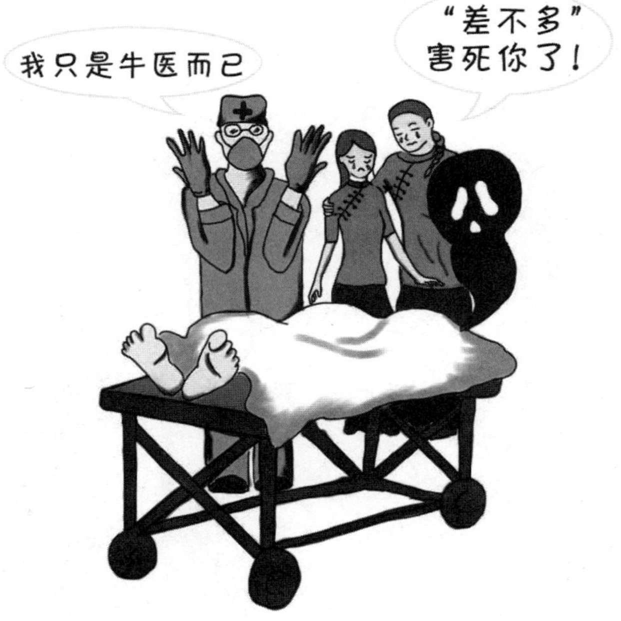

什么事情都能以“差不多”的标准来合理化，结果落得个一命呜呼，可谓传神而深刻。

想起《论语·先进》里的记载，子贡问：“师与商也孰贤？”子曰：“师也过，商也不及。”曰：“然则师愈与？”子曰：“过犹不及。”翻译成白话文就是，子贡问孔子：“子张和子夏二人谁更好一些呢？”孔子回答说：“子张过分，子夏不足。”子贡说：“那么是子张好一些吗？”孔子说：“过分和不足是一样的。”

这就是“过犹不及”的来历，也间接道明心理防御机制的辩证性。

○解疑释惑

催眠能盗梦吗？

2010年7月，大导演克里斯托弗·诺兰的电影巨作《盗梦空间》面世，立时引起观者如潮。电影里塑造的盗梦情节让无数观众对催眠产生浓厚兴趣，很多人产生这样的疑惑：催眠真的能盗梦吗？人真的能在催眠状态下说出自己的一切隐私吗？

答案当然是否定的，因为电影需要靠虚构的情节来吸引眼球，与真实情况大相径庭。

日本一位催眠大师曾做过一个实验：在一场公开的催眠秀表演中，催眠师深度催眠了一名女性，并“指示”被催眠者做出种种匪夷所思的动作来，被催眠者似乎完全被操控了。但是，当催眠师“指示”她脱掉身上的衣服时，被催眠者马上醒了过来。借此机会，催眠大师告诉观众：其实，催眠是有限度的，因为每一个被催眠者都有潜意识的防御机制，一旦突破道德底线或其他底线，这种防御机制就会发挥作用并让被催眠者立刻醒过来。

这个实验形象地说明了防御机制的普遍存在，也间接地说明大众对催眠的认识误区。

我们应该知道，催眠绝对不是“催人入眠”，而是通过一系列的暗示效应让被催眠者达到一种无防御的放松状态。这种既不是睡眠状态，也不是完全的清醒状态，而是一种选择性清醒——对催眠师的言语指示“言听计从”，对外界的其他刺激则没有反应。其实，这种选择性清醒虽然失去了意识上的心理防御，却摆脱不了潜意识的防卫。总之，被催眠者不可能完全听从催眠师的摆布。

第四节
用好心灵的保护伞

时下，有句口号在社会上非常盛行：快乐地受“煎熬”。显然，这句口号蕴藏着深刻的道理——从心理学的角度诠释，有效的心理防卫方式不仅能抵抗挫折，甚至能让“煎熬”变成快乐。

如前所述，幽默自嘲的心理防卫方式其实是一种积极的心理防御。

有一位中年男子，头发掉得很厉害，几乎呈秃顶之势，看上去比实际年龄要大10岁以上。每每有人猜错他的年龄时，他都是一笑而过：“没什么，你又不是第一个。不是有人说过吗，‘热闹的马路不长草，聪明的脑袋不长毛’！”

这种自嘲与宽容非常难得，不仅能拥有一个平稳和健康的心理，还能增强自信和洒脱。

在一次舞会上，一个个头偏矮的男子，去邀请一位身材高挑的女孩跳舞，谁知女孩很傲慢地拒绝了，一脸不屑地说：“我从不与比我矮的男人跳舞。”男人听了既没有发火，也没有指责对方，而是淡然一笑，自嘲地说：“我真是武大郎开店，找错了帮

手。”那女孩听后脸红耳赤，反而不自然起来。

自嘲，使那位男士走出窘境，保持了心境的平衡，而且还把尴尬抛给了那个伤害自己的女孩。

其实，历史上有很多善于自嘲的名人——

英国作家杰斯塔东是个大胖子，由于过于肥胖的原因，导致他行动非常不便。有一次他对朋友说：“我是个比别人亲切三倍的男人。每当我在公共汽车上让座时，便足以让三位女士坐下。”

里根就任美国总统后，到加拿大进行国事访问。在演讲刚开始的时候，里根的讲话不断地被反美示威群众的高呼和诘难打断。加拿大总理皮埃尔·特鲁多对这种情况感到很为难，里根却笑着对他说："这种事情在美国时有发生，我想这些人一定是特意从美国来到贵国的。他们想使我有一种宾至如归的感觉。"特鲁多听完此话，脸上顿时露出了笑容，里根也摆脱了尴尬的处境。

可见，幽默和自嘲往往能化挫折为成功，变压力为动力，是种行之有效的心理防卫方式。

当然，有效的心理防卫方式不只限于自嘲的幽默心理，更突出地表现为积极的替代心理，因为积极的替代心理能变悲痛为力量，化腐朽为神奇，另辟蹊径取得成功。

纵观历史，司马迁负刑后作《史记》，孔子受处置而著《春秋》，歌德失恋而写《少年维特之烦恼》，这些都堪称替代心理之下心理升华的佳话。这样的例子不胜枚举，现实生活中众多身残志坚的事例更是给我们无限启示。

但是对于我们来说，替代心理的作用更体现在如何在烦琐枯燥的工作中寻找快乐。

有一名斯坦福大学法学院的毕业生，毕业后的第一份工作是在一家地产经纪公司做接线员，每天的工作就是接电话、打字、复印、整理文件等琐碎的事情。对于一名名校毕业的高才生来说，显然是大材小用。这种事情摊到谁的头上都不会好受，不仅看不到前途，还得忍受上司的呼来唤去。但是，这名毕业生没有沉沦，也没有感到郁闷，相反，她很快跳出了烦恼的泥潭，并找到了替代的奋斗目标，那就是积极学习以扩大自己的知识面，并积极了解这家公司的情况以备后用。果然，她的努力没有白费，终于有一天，几个经纪人问她是否还愿意干点别的什么，于是她得到了一次撰写文稿的机会。就是这一次，她的人生从此改变——有赖于她平日里的积极学习和了解，她的文稿深刻而生动，并征服了那几名经纪人，于是，她得以跳离接线员的职位并开始在事业上平步青云。这个借替代心理改变自己命运并取得成功的女人就是卡莉·费奥丽娜——惠普公司的前CEO。

无疑，卡莉·费奥丽娜的故事能给我们很多启示。随着社会的发展，个体之间的竞争越来越激烈，总有一些人不能很好地适应环境，时刻感到压抑和沉闷。这时不妨多体会替代心理的妙处——与其沉溺于压抑和沉闷之中，不如及时地从不良情绪中跳出来，选择一个替代性的有利于个人发展的奋斗目标，给自己打气，为自己加油。一旦积攒了足够力量，每个人都可以像卡莉·费奥丽娜一样“山重水复疑无路，柳暗花明又一村”。

想起俄罗斯诗人普希金的名作《假如生活欺骗了你》，值得我们认真体会——

假如生活欺骗了你，

不要忧郁，不要愤慨；

不顺心时暂且忍耐。

相信吧，快乐的日子将会到来。

心儿憧憬着未来，

现在却总是令人悲哀；

一切都是瞬息，一切都会过去，

而那逝去了的，将重新变为可爱。

○他山之石

赠人玫瑰，手有余香

英国有句谚语：赠人玫瑰，手有余香。生活中常有这样的情况，方便了别人的同时也会给自己带来方便。这其实是一种积极的心理防卫方式即利他心理。

历史上，寇准与王旦的故事能深刻地体现这一道理。

寇准与王旦同为北宋时代的人，但寇准拜相迟于王旦。王旦做宰相时，经常在宋真宗面前夸寇准忠心耿耿，有雄才大略。每当寇准受小人诬陷，被降职处分，王旦总是千方百计为其说话求情。但寇准却以怨报德，千方百计挑王旦的毛病。

王旦主持中书省，寇准主持枢密院。有一次，中书省有公文送枢密院，违背了真宗的旨意，寇准发现后立即报告了皇帝，结果使王旦以及中书省的其他官员都受到了责罚。

事有凑巧，没过一个月，枢密院也有公文送中书省，同样违背了真宗的规定。中书省官员抓住寇准的这个差错，想乘机报复。但王旦却严厉制止了这种做法，命令官员将公文送还枢密院，让寇准改正之后再送来。

这位官员拿着公文来到枢密院，把事情前后经过都告诉了寇准，寇准听了羞愧难当，亲自送这位官员离开枢密院。

寇准回到府中，在屋里来回踱步，一件件往事涌上了心头。他越想越难过，越想越后悔。他再也待不住了，于是效仿战国时的廉颇，亲自到王旦府上“负荆”请罪。

“人非圣贤，孰能无过？”王旦把跪在地上的寇准扶起来，请他入座。

寇准感叹道：“我真是佩服，你哪来这么大的肚量呀？”

王旦幽默地说：“百姓们不是常说，宰相肚里好撑船嘛！”

说着，两人一起放声大笑起来。

临终前，王旦竭力向真宗推荐让寇准继承宰相职位，称其才干可保江山社稷平安。寇准得知真相后泪流满面，深感内疚，称王旦的见识、品德正是自己所不及的。

Chapter 03

第三章

从白痴天才看人格分型

第一节
天才和白痴只有一步之遥

天才与白痴，似乎是两个极端对立的概念，人们几乎无法想象这两者之间会有什么联系。然而，在人类社会中，确实存在过并将继续产生极富某种天赋的白痴，也即人们口中的白痴天才。

1979年1月31日出生的英国男子丹尼尔·塔曼特堪称天才，他拥有惊人的“记忆数字”能力，能将圆周率背诵到小数点后面第22514位。他不仅精通数十种语言，还创立了一家记忆技巧公司，专门教人如何更快更有效地学习数学和语言。然而严重的孤独症却让他自小无法与人正常交流，也无法理解常人的感情。他的世界里只有数字，在那里从1到1万的每个数字都有着特有的颜色、纹理和情感共鸣的地方，例如4代表害羞和安静，6代表黑暗空虚……

他虽然已经成年，却还在学2＋2＝4的初级运算；他虽然不识五线谱，却曾指挥世界顶级乐团——美国费城交响乐团。他的指挥棒从中国一直舞到美国，使有幸得以观赏他表演的千万观众激动不已，赞叹不止。他就是舟舟，一个智障人，却能在瞬间领会

乐曲的旋律，在百余人的交响乐团演奏中，纠正奏出不和谐音的演奏者。

在法国，一个名叫福勒利的可怜人几乎一生都在阿曼蒂欧里斯的精神病院里度过。他生来就是瞎子，从小便被患有梅毒的父母遗弃，这家精神病院便成了他的收容所。在那里，人们很快就发现他具有非凡的心算能力，但当人们试图教他学会一些其他什么东西时，总是陷于失望。福勒利难以领会人们对他解释的一切，只是弯着身子、迟缓地摸索着大厅或地面行走，在医院——

他唯一的家慢慢地打发自己的时光。不过，福勒利那闪电般、高速准确的计算能力，却让所有的人为之惊讶。有一次，在12位欧洲最著名的数学家面前，他做了令人震惊的计算表演。福勒利被突然带进一间房间。他靠着墙，脸上痴痴地笑着，在众多人面前，他感到尴尬万分。数学家们向他提出这样一道难题：如果你有64个盒子，而你把一颗玉米粒放进第一个盒子里，放在第二个盒子里的玉米粒是第一个盒子的两倍，而放在第三个盒子里的玉米粒又是第二个盒子的两倍，依此类推，那么，你要在第64个盒子里放进多少颗玉米粒？福勒利听着，只是傻笑，陪伴他的人问他把问题听明白了没有，他说听懂了。那人又问他会不会回答，他说会。结果，仅过了二十几秒钟，他就算出了正确的答案：18,446,734,073,709,551,615。当时，所有的围观者无不为之震惊。后来，福勒利——这位阿曼蒂欧里斯精神病院的白痴，又多次在天文学家、建筑学家、银行家等人面前做同样的计算表演，每次他都能在几秒钟之内便得出了准确的答案。类似这样高速、精确的计算表演，直到他死后几十年有了电子计算机，才得以再度出现。

类似的故事在人类的历史长河中不断上演，不由得让人想起西方的一句谚语：上帝的左手是温柔的，但他的右手是可怕的。似乎冥冥之中，有些人注定了“一半是天才，一半是白痴”。受此启发，很多人慨叹：天才和白痴之间只有一步之遥。

其实，世界上有很多这种非常奇特的人，他们表面上弱智，没有任何社交能力，甚至自理能力都很弱，但却拥有独到的才华。有的特别会算日历，假如你问他，帮我算一算2045年某月某日是星期几，他可以不假思索地说出来；有的是音乐天才，譬如一个音乐家在弹一首曲子，他在旁边听一遍，就马上可以唱出来，甚至可以把整首曲子一点不差地弹出来；有的是数学天才，你随便问他一个很复杂的计算题，他可以瞬间把答案说出来，答案之准确程度不亚于计算机。到目前为止，科学家知道的白痴学者除了在推算日期、计算、音乐方面表现出的特殊才能外，还在绘画、雕塑、查阅字典、下象棋、背诵、色彩及其他许多专业知识上表现出非凡的才能。从文献显示，白痴学者们至少拥有300种以上的天赋。

○电影故事

《雨人》及其创作原型

好莱坞电影《雨人》中的男主角曾给观众留下深刻的印象，他在生活上基本上是一个白痴，但却有着独到的天赋：记忆力惊人，有“过目不忘”的本事。而电影中的男主角原型，就是家住美国盐湖城的皮克。

皮克是一个患有自闭症的“白痴天才”，他精通从文学到历史在内的15门学科，能一字不漏地背诵至少9000本书的内容。据皮克的父亲弗兰恩称，他还可以凭借数年前看过的地图，指导别人在美国各城市旅行，并记住了世界所有重大事件的发生日期。皮克仅用1个小时就看完了长篇小说《猎杀红色十月》，4个月后，当让他说出书中一个次要人物的姓名时，他竟一字不差地将整段相关情节都背诵了出来。但皮克在生活方面却异常低能，始终不会自己穿衣服。

据悉，当皮克1951年出生时，医生发现他的头颅右侧有一个水泡，此后经过多项检查，发现他的左右脑半球没有正常分开，而形成一个超大容量的大脑，正是由于这种罕见的大脑结构失常，使皮克具有某方面超乎常人的记忆能力。

虽然心理学家与教育学家推估皮克的记忆智商应高达220，但是他的实际智力测验分数却只有69分。

第二节
白痴天才的奥秘

对于白痴天才现象，很多学者从不同的角度进行了细致的研究，其中以精神医学专家为最。

精神医学认为白痴天才是一种极其罕见的病例，并将这类人称为白痴学者、单一学者、专家综合征、才艺并发症等。而且精神医学认为，真正的白痴天才必须具备以下几个条件：

第一，他们是真正的弱智者或自闭症者；

第二，他们具有某一方面的特长，而且这种特长是与他们同龄的正常人所无法企及的；

第三，他们获得这些特长不是得益于接受教育与训练，而是某种神秘的天赋的力量。

因此，精神医学界总结出白痴天才的临床特点是：在智力普遍低下的背景下，表现出个别突出的、远远超过一般水平的孤立才能。更有学者称，这些典型极端的白痴学者，如果不是精神发育迟缓，那么在他们的技能范围内他们都是天才。世界上第一对白痴学者双生子的发现者、精神医学家霍维茨曾为此下过一个定义：“智力低于正常而在其他心理功能方面有高度发展者，可称为白痴学者。”

总之，说他们是天才，他们却愚鲁、智商低下；说他们是白痴，他们又专长独具，禀赋过人。“智能低下”与“天赋惊人”看似矛盾异常的两个方面竟然如此真实地同时出现在一个人身上，这实在让人大惑不解。

其实，人类有太多未解之谜，白痴天才即属其中。科学家已经认识到，要想彻底弄懂白痴天才的现象，关键在于读懂人类的大脑。

目前，科学家发现人的大脑还有大量的潜力可挖——大脑皮质内140亿个的神经元通常有效工作的只有7亿个左右，占总数的5%；如果能“开动”10%，人就会变得相当聪明；如果能用上20%，便可以称为天才了。但是，“天才按钮”究竟藏在大脑的什么地方呢？

为了弄清这个问题，苏联科学家早在20世纪20年代末就率先研究起已故伟人的大脑，当时的标准是列宁的大脑，但这还远远不够。因此神经生理学家决定收藏一些“伟人”的大脑以供研究用，包括斯大林的、基洛夫的、马雅可夫斯基的、别雷的、巴格里茨基的、高尔基的、斯坦尼斯拉夫斯基的、巴甫洛夫的、米丘林的、门捷列夫的，等等。

然而，死人的大脑提供不了准确的信息，因为已故“伟人”的脑回从生理上说同常人的脑回一模一样。于是，彼得堡人脑研

究中心的神经生理学家率先在活人的脑颅里找寻人人都想找到的“天才按钮”。

彼得堡人脑研究中心科学顾问纳塔利娅·别赫捷列娃院士称：在一次刺激大脑皮质下的一个细胞核时，她的工作人员曾亲眼目睹一名试验对象“聪明”了两倍左右——他的记忆力大大增强。在刺激大脑的这个点之前，他的大脑在几秒内只能记住5～9个任意挑选的单词，经过刺激后马上增至15个或更多。当时，所有在场的人都吓坏了，担心万一大脑对这种借助外科器械突然释放的超级才能进行报复而让病人变成一名白痴。从此他们再不敢进行类似的冒险试验了。

但是，俄罗斯研究人员的这些试验在国外还照常进行。美国加利福尼亚大学的布鲁斯·米勒博士曾在大脑内成功地发现“天才区段”。这是位于右颞下的一个特别区域，它的作用就是让人有成为天才的可能。米勒相信，如果将人脑的这个区域“打开”，那这个人的创造才能就会得到尽情发挥。他在自己的实验室里对72名因各种原因导致脑损伤的病人进行过研究，结果发现，只要是右颞下受伤的人，就像是变成了另外一个人。比如说，一个9岁的男童在部分大脑受损后竟成为一名天才的力学专家；再如，一个56岁的工程师大脑右半球皮质的部分神经元因病受到损害后成为一名大画家——神经元在枯死时，就像是将压制了一辈子的绘画才能释放了出来。

彼得堡人脑研究所所长斯维亚托斯拉夫·梅德韦杰夫进一步证实米勒的结论，他说：“被称为‘测错仪’的压制天才的区域是存在的，这是科学事实。它是一种内部‘预防机制’，不让我们的行为举止偏离常规。每当我们想出一个新招儿时，就进入了‘这不允许’的制约状态，使我们觉得这种想法没多大意思，也就会失去了兴趣。但如果是这个机制出了毛病，或者说受了损害，那聪明的念头和天才的理论就会源源不断地涌现出来。”

阿德莱德弗林德斯大学的澳大利亚科学家也认为，借助磁场切断大脑的一些区段，就完全可以激活那些超级数学和艺术天才：研究人员在17名志愿者身上所进行的试验就是明证。研究人员对他们的整个大脑进行磁刺激，将大脑皮质的有关部分断开几秒钟，竟获得了惊人的结果：有5个人能很快算出星期几都是哪些日期，有6个人能凭记忆把马头画得一点儿也不差，其余的人轻易就能记住好几个通信地址。

这些试验表明，一个人的非凡才能并不是像很多人所认为的是勤奋的结果，而是每个人与生俱来的，关键是如何去唤醒。毫无疑问，“测错仪”或人们称为“天才区段”的这个区域可以被有意识地激活起来，从而“定做”一些天才的数学家、物理学家和艺术家，只是这个技术目前还不成熟，有赖科学家进一步研究。

然而从另外一个角度来看，天才往往是一些偏离了常规的人，他们有些素质特别发达，有些则被抵消。如爱因斯坦，他能在绝对违反逻辑的领域内有重大突破，却很难与人交往，事实上，他患有自闭症。不仅爱因斯坦，很多天才实际上都是疾病缠身的人。众所周知，普希金和莱蒙托夫就有精神分裂病症，尼采和弗鲁别利生命中的最后几年是在精神病院度过的。有不少专家认为，大多数天才的大脑正是因为有毛病才得到“解放”。

不得不说，此消彼长的规律在白痴天才的现象中得到了很好的诠释。

○科学探索

人类的第三只眼——松果体

松果体位于人脑的中心部位，仅有米粒大小，其形状就像一颗松果。它在儿童时期比较发达，但到7岁以后开始退化。

这个神秘腺体的功能一直为哲学家和精神领域的专家所关注。松果体的生理机能直到最近才搞清楚，诸如抑制性成熟、延长童年状态的作用。

首先，松果体是人体的第三只眼睛。大量证据表明，松果体是有感光组织结构基础的，而且有完整的感光信号传递系统。例如人们在阳光明媚的日子里会感到心情舒畅、精力充沛、睡眠减少。反之，遇到细雨连绵的阴霾天气则会情绪低沉、郁郁寡欢、常思睡眠。这一现象正是松果体在“作祟”。

其次，松果体是人体生物钟的调控中心。实验证实，褪黑激素在血浆中的浓度白昼降低，夜晚升高。松果体通过褪黑激素的这种昼夜分泌周期，向中枢神经系统发放“时间信号”，转而引发若干与时间或年龄有关的生物钟现象，如人类的睡眠与觉醒、月经周期中的排卵以及青春期的到来。

新近发现，人体的智力“生物钟”以33天为周期进行运转，情绪“生物钟”为28天，体力“生物钟”为23天。这三大生物钟的调拨也是由松果体来执行的。

第三节
天赋异禀的背后

西方有句谚语：每个人都是上帝喜爱的苹果，那些上帝最喜爱的往往都是残缺的。这句话用来形容白痴天才是再合适不过了：天赋异禀的背后，常常隐藏着难以言说的苦衷。

比如，科学家们发现了自闭症与高智商的神秘关联性，并将之命名为“阿斯佩加综合征”。“阿斯佩加综合征”这个名词其实在大约30年前才首次出现，但现在它却几乎无处不在。例如著名哲学家维根斯坦在10岁时已懂得自行设计和制造出一台缝纫机，但当时他不但没有朋友，亦常被同辈们嘲笑；束有一头经典卷曲长发、爱穿绿色拖鞋的物理学泰斗爱因斯坦，亦经常在讲学途中魂游太虚，忘了自己讲到哪里，这两位名人均被指是阿斯佩加综合征的患者。类似的人物随手可以举出一大堆：科学家牛顿、天才画家凡·高、英国文豪乔治·奥威尔、音乐天才莫扎特、西方哲学泰斗康德……

与他们“同病相怜”的现代版名人还有世界首富、微软创始人比尔·盖茨，他亦被指拥有阿斯佩加综合征的典型特征，包括

缺乏眼神接触、社交技巧乏善可陈、声线单调、开会时将椅子摇前推后和异常惊人的记忆力。

一直以来，人们普遍认为自闭症患者均是智商较低，语言学习有障碍，行为异于寻常，往往要送到特殊学校寄居。不过自从专家重新划分自闭症的轻重程度，发现每70名学童中便有一人患有阿斯佩加综合征：他们智商高，学习语言的能力毫无障碍。不过由于一般人普遍忽视了这些病症的存在，令他们可能患有这种综合征但自己却懵然不知。

真是一个奇怪的病症：高智商与自闭症融为一体，难怪有人称之为“高智商自闭症”。

除了阿斯佩加综合征，很多天才在聪颖睿智的背后都不无

“疯狂”。有鉴于此，法国著名作家普鲁斯特曾说：“所有杰作都出自精神病患者之手。”也因此，美国约翰斯·霍普金斯大学医学院精神病学教授及情绪疾病中心主任凯·雷德菲尔德·贾米森博士提出了“躁狂抑郁多才俊”的观点。

贾米森在所著《躁狂抑郁多才俊》一书就披露了这样的情节：牛顿喜怒无常，疑神疑鬼，为了争微积分的发现权，他不惜跟好朋友莱布尼茨翻脸。不仅是牛顿，历史上还有很多“疯狂天才”：美国总统林肯、尼克松、罗斯福，二战英雄将军巴顿，英国首相丘吉尔，荷兰画家凡·高，美国作家海明威，女星奥黛丽·赫本和台湾作家三毛，他们都是躁狂或躁狂抑郁患者。

这不由得让人慨叹：天才圈中行为乖张离奇者比例之高让人咋舌，究竟其中隐含着怎样的“天才密码”呢？

其实，轻度躁狂是一把双刃剑。因为轻度躁狂时，大脑认知被轻度激活，创造潜能就被更深层次地挖掘出来了。另外，轻度躁狂的一大特征就是，精力极其旺盛，能不知疲倦地工作。先天的创造潜能与后天的加倍努力，成就了天才。不过，一旦学习补充的机会减少或丧失，他们就走向了抑郁。这表现为海明威饮弹自尽，奥黛丽·赫本极度厌食。

亚里士多德曾说：“没有疯狂性格的人，绝没有庞大的天才。”不得不说，天才人物是一个“非正常”的群体，而每一位人物的性格特征又是那么鲜明而富有个性。

在这点上，乔布斯绝对算得上是典型代表。

不久前，中文版的《史蒂夫·乔布斯传》终于问世了，让一切敬佩他的人兴奋不已，因为很多人都还记得1997年苹果电脑最著名的广告词是“那些疯狂到以为自己能够改变世界的人，才能真正改变世界”。

无数人对乔布斯顶礼膜拜，但很少有人注意到他是如何成才的，更绝少有人注意到，他成才的一个重要条件，从心理学上说，竟然是他存在“自恋人格障碍”。

乔布斯的个人缺点在一些人看来简直就像是犯罪，比如他抛弃了自己的私生女、到处拈花惹草、“撒谎”成性、狠心拒绝亲生父亲想见他一面的愿望——乔布斯一生下来，就被自己的亲生父母送给了别人。但是这一切都还只是表面现象，在生活细节之处，乔布斯的荒唐举止不胜枚举：他想怎么说就怎么说，想怎么做就怎么做，有时简直到了“厚颜无耻”的地步，根本不顾现成的一切道德礼貌规范，比如他曾经劝说当时的苹果电脑总裁下台，把位置让给自己。

书中描写乔布斯的一句口头禅，是把他优秀的竞争者或者下属员工的辛勤劳动产品，说成是“垃圾”。这当然是绝对不公正的，但这丝毫没有妨碍他的天才念头及其创造，正如该书所介绍的：“史蒂夫·乔布斯是一位极具创造力的企业家，他有如过山车般精彩的人生和犀利激越的性格，充满追求完美和誓不罢休的激情，他创造出个人电脑、动画电影、音乐、手机、平板电脑以及数字出版六大产业的颠覆性变革”。

真是个诡异的规律：天才往往拥有缺陷人格。我们不禁要问：人格到底是怎么回事呢？

医学前沿

高智商更易精神分裂或与特定基因有关联

科学家发现，有创造力、高智商的人，比较容易罹患精神分裂症或躁郁症。

美国约翰斯·霍普金斯大学医学院的贾米森在年轻时被诊断有躁郁症，从此致力于研究及写作躁郁症相关文章。她的研究指出，瑞典16岁男孩里智力测验成绩较好的人，比较可能罹患躁郁症。她说，“智商高的16岁男孩罹患躁郁症的几率是一般人的4倍”。

在纽约举办的“世界科学展”讨论会上，学者们讨论了超过20篇论文，指出高智商与创造力的显著关联性。躁郁症和精神分裂症，与高创造力及高智商也有明显的关联性。

科学家目前还不清楚为何聪明的人较会有疯狂的思想或行为。过去的研究指出，天才与疯狂的关联性大多是由一个特定基因DARPP-32所引起。人类中有3／4的人遗传到DARPP-32基因的其中一个版本，该基因会加强大脑皮质的信息处理，来提升大脑思考的能力。

第四节

人格及人格分型

关于人格，心理学已产生了许多定义。据美国心理学家奥尔波特1937年统计，人格定义已达50多种。时至今日，关于人格的学术定义更是纷繁复杂。

也许有人会说，这么多定义，如果不是专门的研究人员，我们还有希望了解什么是人格吗？其实，那么多具体的定义对我们来说无关紧要，简单地说，每个人的行为、心理都有一些特征，这些特征的总和就是人格。就像每把钥匙都有一个独特的密码，人格就相当于每个人独特的“内在密码”。所以，每个人都有自己独有的人格。“人心不同，各如其面”，这句俗语即体现了人格特性中的独特性。但是人格一旦形成，就很难在短期内改变，所谓“江山易改，本性难移”。

具体来说，人格的形成是先天的遗传因素和后天的环境、教育因素相互作用的结果。

达尔文的表弟高尔登曾做过一项著名的“高尔登实验”：

他运用家谱分析的方法，挑选了英国当时977个名人，包括政治家、法官、军官、文学家、科学家和艺术家，通过家谱分析的方法，调查他们的亲人，结果发现：他们的亲人有322名具有和这些名人相同的成就，接着又选择了977名普通的人调查他们的亲人，只有1名比较有声望。

这项研究充分地证明遗传因素在人格形成中的重要意义。另一项研究则证实了后天的环境、教育因素与人格的关系，这就是狼孩现象。

狼孩是从小被狼攫取并由狼抚育长大的人类幼童。世界上已知由狼哺育的幼童有10多个，其中最著名的是印度发现的两个。

1920年，在印度加尔各答东北的一个名叫米德纳波尔的小城，人们常见到有一种“神秘的生物”出没于附近森林，往往是一到晚上，就有两个用四肢走路的像人的怪物尾随在三只大狼后面。后来人们打死了大狼，在狼窝里终于发现这两个“怪物”，

原来是两个裸体的女孩。其中大的年约七八岁，小的约两岁。后来，这两个小女孩被送到米德纳波尔的孤儿院去抚养，还给她们取了名字，大的叫卡玛拉，小的叫阿玛拉。可是到了第二年阿玛拉就死了，而卡玛拉一直活到1929年。这就是曾经轰动一时的狼孩一事。

狼孩刚被发现时，生活习性与狼一样：用四肢行走；白天睡觉，晚上出来活动，怕火、光和水；只知道饿了找吃的，吃饱了就睡；不吃素食而要吃肉——不用手拿，放在地上用牙齿撕开吃；不会讲话，每到午夜后像狼似的引颈长嚎。卡玛拉经过7年的教育，才掌握45个词，勉强学会说几句话，开始朝人的生活习性迈进。她死时估计已有16岁左右，但其智力只相当于三四岁的孩子。

依此看来，人格真是一个复杂的事物，要想彻底弄懂它真不是一件容易的事情，就连今天的心理学家也对其语焉不详。

近年来，九型人格的研究算是人格中比较热门的一块领域。九型人格又名“性格形态学”、“九种性格”，是婴儿时期人身上的九种气质。它是近年来备受美国斯坦福等国际著名大学MBA学员推崇并成为当今最热门的课程之一，近十几年来已风行欧美学术界及工商界。全球500强企业的管理层均有研习九型人格，并以此培训员工，建立团队，提高执行力。

根据九型人格理论的描述，人格被分为九型：完美型、全爱型、成就型、自我型、理智型、疑惑型、活跃型、领袖型、平和

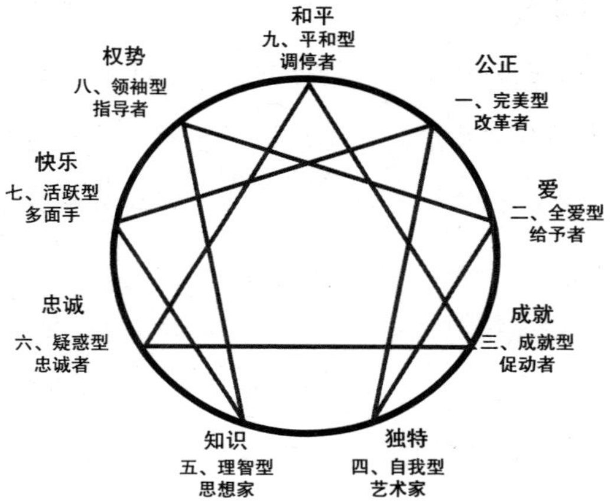

型。每个人必然属于其中一型，而该型就是这个人的“基本人格形态”。

尽管九型人格的研究有众多的拥趸，但不可否认的是，任何一种人格理论都有它的局限性。因为过于单一的人格描述对很多人都不适用，多重人格的例子屡见报道。

1815年由安德鲁·埃利科考提出的有关玛丽·雷诺尔兹身上出现的两种人格的发现，据信是历史上有关多重人格的首次文献报道。

玛丽生于英国，4岁随父母迁至美国，在宾夕法尼亚州定居。长大后她成了一个信奉宗教、性格孤僻和心情抑郁的女子。18岁开始她常常受到一种莫名其妙的疾病的袭击，其中一次使得她接连几个星期视力和听力全部丧失，后来又有一次发作使她一度完全丧失了记忆，人格也发生了巨大的变化，她成了一个性情开朗、喜爱交际和常在户外活动的女子。可5个星期后，她突然陷入沉睡之中，醒来时，她又重新恢复到过去的状态，而且竟然对自己身上曾发生过的巨大变化一无所知。就这样，这两种人格在她身上不定期地交替出现，直到36岁，她的第二种人格才占据绝对优势，并一直伴随到她生命的结束。

另一个事例更有意思：

1978年12月普利·米利根因强奸俄亥俄州立大学4名女学生而受到指控。可法院却宣布他无罪，理由是他具有多重人格。

米利根父亲是个夜总会演艺人，后自杀身亡。年幼的米利根遭受继父的折磨和性虐待，9岁时他身上就逐渐产生其他的人格。除他的基本人格外，他曾有过至少9种人格，其中包括：克里森，一个富有感情和艺术天赋的3岁孩子；戴维，一个把头撞在墙上的苦恼的小男孩；阿瑟，一个英国知识分子；拉甘，一个好胜心很强的斯拉夫人；阿德兰娜，一个女性同性恋者。人们认为正是他的这种人格使得他犯了强奸罪。医生们预言，在给他治疗的过程中米利根也许会显示出更多的人格——可能会导致其他未被发现的犯罪行为。

真是匪夷所思的现象！人格就是如此神秘又充满魅力，吸引着一代又一代的心理学家投入其中的研究。我们有理由相信，随着科学的不断发展，人格的真实面目一定会大白于天下。

○ 史海泛舟

中国古代人格心理学思想

早在两千多年前，孔子就从德行、智能和气禀三个方面对人格进行分类，提出自己的人格类型说。首先，从德行方面将人分为君子和小人。其次，从人的气禀方面将人分为狂、狷和中行三种。孔子说：“不得中行而与之，必也狂狷乎！狂者进取，狷者有所不为也。”其中，“狂”即敢说敢为，积极进取；“狷”即遇事拘谨，不敢作为；“中行”则是言行合乎中庸。再次，从智能的角度将人划分为上智、下愚和中人。孔子说：“中人以上，可以语上也；中人以下，不可以语上也。”

荀子除了继承孔子的君子、小人观之外，又提出了新的人格类型说。首先，根据“勇”的程度，把人分为上勇之人、中勇之人和下勇之人。其次，根据“勇”的性质，将人分为狗彘之勇者，贾盗之勇者，小人之勇者，士君子之勇者。这实质上是在小人之勇与君子之勇的基础上，将小人之勇分为三种，并与士君子之勇相对。再次，根据德行，将人分为通士、公士、直士、悫士、小人五种。这实质上是在君子与小人的划分基础上，将君子分成四种，并与小人相对。

三国时魏国人刘劭也有一套完整的人格分型。首先，从才能的角度对人进行分类。从总体上说，他把人分为兼德、兼才和偏才。在此基础上，提出十二才，即清节家、法家、术家、国体、器能、臧否、伎俩、智意、文章、儒学、口辩、雄杰之才，并对各才的特点和宜任官职作了解说。其次，根据阴阳五行生成说，类推出人的五种性格：即木——弘毅、金——勇敢、火——文理、土——贞固、水——通微。然后在此基础上把人的性格分为十二种类型，并对每一种性格的总体特征及其优缺点予以精辟解说。最后，还从智勇关系，将人分为英才型、雄才型和英雄兼备型。

此外，刘向、诸葛亮、唐太宗、司马光等亦对人格的类型有所论述。

Chapter 04

第四章

从福尔摩斯探案看细节心理分析

第一节
福尔摩斯的探案技巧

如果评价史上最成功的侦探小说，《福尔摩斯探案全集》绝对排名榜首。

事实上，福尔摩斯是一个虚构的侦探人物，是由19世纪末的英国侦探小说家柯南·道尔塑造的一个才华横溢的侦探形象——他拥有冷静的头脑、敏锐的观察力和极强的推理能力。这个形象一经面世，即在全世界范围内掀起一场风暴，以至于英国著名小说家毛姆作出如此评价："和柯南·道尔所写的《福尔摩斯探案全集》相比，没有任何侦探小说曾享有那么大的声誉。"

在书中，福尔摩斯的探案技巧虽匪夷所思却又合情合理，总能给人一种神来之笔的感觉。《福尔摩斯探案：银之耳环》中的这一情节便是绝好的例证：

管家Lambert小姐在谢灵顿厅入口将我和福尔摩斯迎入会场，根据卡文迪许爵士的吩咐，我和福尔摩斯被安排坐在一起。但我那精力十足的伙伴并没有放弃用职业眼光观察环境的习惯。我们在大厅里扫视着往来客人，突然我想起一个很重要的问题："福尔摩斯，你对Bromsby爵士有多少了解？”福尔摩斯不动声色地打量着四周，他的眼光让我想起在阿富汗服役时看见的猎豹，我的伙伴用一种很低但非常清晰的声音对我说：“我并不认识他，我也从不相信报纸上的那些鬼话。但我可以告诉你，Bromsby爵士大概50岁出头一点，身材较高，性情冲动易用暴力。他出身贫寒，没几个知心朋友，也不讨女人喜欢。他还是个不择手段的商人，为达到目的甚至敢于涉足法律许可以外的领域。我还可以肯定，他今天将作出一项与生意有关的重要声明。对了，华生，你对他又知道多少呢？”我尴尬地微笑道：“我可没法像你这样能滔滔不绝地给出这样详细的评价。福尔摩斯，如果你并不认识这个人，你又怎么能知道这么多呢？”

“华生，对我的观察方法你应该不陌生。看壁炉旁的台子和衣架，显然它们是为一位高个子准备的。我还注意到佣人们都在神情焦急地观望着主人亮相的那扇门，他们脸上的表情除了焦躁还有恐惧，只有一个喜怒无常的粗鲁雇主才会带来这样的表情。现在再看看客人们，男宾中大部分是军官和富商，他们的年纪都在50岁左右，显然都是生意上的伙伴，因此我判断他应该也属于这个年龄阶段。由于他在这个圈子里的崛起如此迅速，我们还可断言Bromsby爵士是一个精明而又无情的商场高手。从女宾们身上能了解到更多，这些女孩子们虽然美丽优雅却身着廉价衣裳，华生，仔细看，她们中甚至没有上流交际场所常见的女伴。我可以向你保证，正经人家的女孩是不会在没有女伴的情况下出席公共社交场合的。你再看她们紧盯着那些年轻的绅士们，寻找着最合适的猎物，彼此之间还叽叽咕咕，活像群白痴小鸡。总而言之，如果一个男人在为自己孩子举办的宴会上只邀请生意伙伴和出身卑微的漂亮女孩子，那只证明他实在没什么朋友，对女人的品位也低得令人担忧，而且他也并不爱自己的女儿。”

“另外，你再看那几个不停交谈的家伙，从拍纸簿和笔可推断那显然是一帮记者，然而《泰晤士报》是绝对不会派记者来采访这种庆贺宴会的，因此他们的出现肯定与Bromsby爵士商业帝国的未来有关。我最后还想说的是，除了疯子之外，没有人会把桌子和家具摆成这个样子！快看，华生，我听见掌声了，Bromsby爵士来了……”

听着福尔摩斯的精辟推理，读者仿佛体验了一场心理解读的饕餮大餐，很容易让人联想起时下流行的一个名词——读心神探，也容易让人联想起读心术这门学问。很多人不禁在问：究竟如何透过细节洞察心理呢？这里面到底隐藏着什么奥秘呢？

○探索与发现

福尔摩斯的原型是谁？

看过《福尔摩斯探案全集》的读者都有一个疑问：福尔摩斯有原型吗？

目前比较一致的观点是：福尔摩斯的确有原型，这个人就是柯南·道尔大学学习时的老师约瑟夫·贝尔博士，爱丁堡大学的医学部讲师兼外科医生。据了解，贝尔博士除了在学校教课外，还喜欢研究著名案件。而柯南·道尔在《真实的福尔摩斯》中也承认，他确实是根据自己的导师贝尔的形象来创作神探福尔摩斯的。柯南·道尔回忆说："我想起了我的老师贝尔……如果他做侦探，一定会把这有趣而无序的行当改造成近于严密科学的事业。我越想越觉得有意思。"据说贝尔一生之中侦破了许多重大案件，但每次破案后，他总是默默地躲在角落里，从不张扬——福尔摩斯也完美地继承了这一品质。

第二节
鬼斧神工的逻辑推理

毋庸置疑的事实是，福尔摩斯的一个绝活在于透过一些并不起眼的细节，运用超强的逻辑推理，得出拍案叫绝的结论。可见，通过细节来读懂心理需要逻辑推理这门基本功。

所谓逻辑推理，即是将各个细节隐含的各种可能性加以对照整合，从而演绎出最合乎情理的结论。

1978年1月，在美国沙加缅度北部发生了一起惨绝人寰的杀人事件。24岁的大卫·瓦林是个货车司机，专替洗衣店送货。他和妻子住在郊区，瓦林太太怀有三个月身孕，在瓦林外出工作时，多半单独在家。事后研判：瓦林太太显然是在准备出外倒垃圾时，被歹徒侵入，之后便在自己家中的客厅遭遇了侵袭及杀害。

凶杀案现场，从前门到卧室，一路充满了挣扎的痕迹。而且，地面有弹壳。瓦林太太则身上遍布刀痕——她的上衣、胸罩和内裤都被脱下，而腹部被利器残酷地刺戮切割，刀伤由胸口一直划到肚脐，肠子外露，许多内脏都被掏出来乱砍。她的身体残缺不全，某些部分已不翼而飞。更令人震惊的是：现场发现了一个优酪乳的空瓶，证据显示：这里面曾被掺入被害人的鲜血，且被歹徒一饮而尽。

事后，沙加缅度警方向FBI（美国联邦调查局）求助，于是行为科学组派了一名组员去协助办案。这名探员观察了现场之后，便对凶手提出了以下的侧写：

白人，男性。年龄介于25到27岁之间，面容清瘦，身材瘦削，营养不良。生活懒散，马虎，邋遢，可能有精神方面的疾病，例如偏执狂或妄想症。有服食药物的倾向。个性孤僻，不喜与人交往，因此离群独居，可能一个人住，或是与父母同住。但就算与父母同住，一定也大部分时间都是独自在家。失业，可能领有残疾救助金。没服过兵役，也许就读过高中或大学，但是中途辍学。

FBI探员何以得出如此结论呢？事实上，正是有赖于这份解读，这个案件很快就得以告破——罪犯的实际特征与这份报告几乎相差无几。

对于人们的疑惑，这名探员的解读如下：

一、由现场的情形，可判定这个案件与性犯罪有关，而根据FBI所做过的研究，凡是性犯罪，凶手多数是男性。而且在性犯罪案件中还有一个特点，就是凶手与受害者多半是同一种族。再加上本案被害人所居住的是白人地区，因此侧写中断定凶手应当是白人男性。而由于这一类案件的凶手年龄层通常集中在20到30岁之间，所以判断凶手年纪在25到27岁之间。

二、对现场勘查的分析，凶手属于无逻辑性凶手。他加害死者的手法混乱无章法，也不清理自己留在现场并有可能暴露自己身份的一切线索。这种人通常患有严重和长期的精神疾病，并且有偏执狂和妄想症的倾向。由于这种病症的发作大半在19岁左右，其后要经过8至10年的潜伏期，据此也可以推断出凶手的年龄应当是在19到30岁之间。

三、由于推断凶手有精神病，因此也就可以推理出凶手的体形。一些精神学家做过研究，体形与精神状况有绝对的关系。身材瘦削或身体衰弱的人容易有精神分裂的症状。而反过来推论：有精神疾病的人，由于神经质，往往无法正常地吃喝，就算吃喝了，消化情况通常也不好。这影响他们的营养吸收，所以多半外形羸弱，营养不良。由于缺乏生气，造成他们对日常生活失去兴趣。他们多半不收拾，不注意个人卫生，生活方式无序，很难与人相处，更别提共同生活。所以侧写中断定他不是独居，便是与父母共同生活。

四、由于他的精神病史，想必他无法为军队所接受，所以不会有服役的记录。而他的发病期如果正好与求学期重叠，显然也不可能继续下去。因此无论是高中或大学，就算凶手曾经入学，一定也是落得辍学的命运。

五、由于他的性格和生活方式，使得他难以与人相处，工作时可能也无法配合。因此不可能有固定长久的工作，必须靠社会福利救济金存活。

看了探员的解读，人们恍然大悟，真可谓环环相扣、丝丝相连。同时，这也给我们一个极大启示：逻辑推理绝对不是凭空想象，而是建立在多学科广博知识基础上的合理推理。依此看来，如果知识面太窄，就难以做出精准的逻辑推理。

无独有偶。1994年12月中旬，美国中央情报局披露，他们在1944年2月完成的一篇有关希特勒的心理特征的分析报告，对第二次世界大战的提早结束，居然起到了不可忽视的作用。

事情要追溯到第二次世界大战期间：当欧洲战场上的形势转为对同盟国有利后，美、英、苏三国便商定将在欧洲登陆作战，开辟第二战场。

然而，美方上层人物却对何时登陆意见不一：一派主张登陆最迟不超过1944年5月底，另一派则认为最好在1944年8月以后。深究起来，双方争辩的焦点是：5月底前登陆，希特勒心理上能否坦然承受。为此，罗斯福总统在1944年1月初下令情报机构在最短时间内搞出一份有关希特勒性格分析的有说服力的报告。仅仅过了一个多月，即1944年2月下旬，一份详尽的《希特勒性格特征及其分析报告》就摆上了罗斯福总统的办公桌，里面包含如下内容：

一点点加高鼻子。鲜为人知的是希特勒这位留着“卓别林式”的小胡子的“丑角”当权后，曾做了多次“鼻美容”手术。他的“理论”是，对于日耳曼人，有一个高挺的鼻子会给人以“刚毅自信、勇敢无畏”的感觉。然而，他对这种手术严加保密，绝对不愿让他的臣民们知道，他让医生一点一点地加高鼻

子，以便让他的“百姓们”感觉不到他们敬爱的元首竟然会做整鼻手术。令人不可思议的是，当德军在苏德战场上节节败退时，他的鼻子加高手术仍未停止。

孔雀死了他会掉泪。他拥有一个庞大的鸟类养殖场。如果有一只孔雀死了，他会伤心得掉泪。有时，一只昆虫死了，他甚至也会摇头叹息。然而另一方面，他却能心安理得地下令把几十万犹太人活活毒死。

希特勒一生没有驾驶过汽车。可是，他的秘密爱好却是在夜深人静之际，坐上车，要司机以时速超过100公里的速度飞驶。后来，他的司机因为过度紧张而精神失常。

他对别人的手指着迷。如果他不喜欢一个人的手，他会转身走开，拒绝同这个人继续交谈。

对长桌特别感兴趣。他召开会议时总是用很长的会议桌，他拥有的一张最长的桌子将近50英尺（约15.25米）。

他的肌肉原先就不发达，50岁以后更是日趋萎缩，因此他即使在夏天也不穿短袖衫。而为他洗澡的仆人必须对他的身体外形严格保密，否则就有“杀身之祸”。

他年轻时曾狂热地爱上他的嫡亲外甥女。然而这场刻骨铭心的爱，却以一场悲剧——心上人的自杀而收场。此后，他一生对女人都无好感。他其实并不爱他的情妇爱娃。

美国的心理分析专家依据这些资料得出希特勒有严重心理问题的结论：1. 高度压抑；2. 严重变态；3. 畸形虚荣；4. 严重“女性化”；5. 负担沉重；6. 非常脆弱。

这份报告的结论是：如果盟军在西线发动强大的攻势，那么他在表面上，特别是在下属面前，仍会显出满不在乎的样子，但内心的虚弱肯定会大大增强。而且由于战火越烧越近，他将无法再在柏林“午夜飞车”，这样心理负担必然更加沉重，盟军如果在1944年上半年发动大规模反击，希特勒将无法有效地指挥仍然“忠于元首”的百万大军。

罗斯福仔仔细细地将这份心理报告阅读了几遍。最后，他决定同意美军在1944年上半年参加西线登陆战。显然，当时如果没有美军的参与，其他盟军不可能发动这场人类史上最壮观最宏伟的登陆战。

不得不说，这是又一个细节透露心理的经典范例，其逻辑推理的精彩程度丝毫不亚于福尔摩斯探案，甚至将其功效发挥到了另一种极致。

可见，逻辑推理是一种实用性很强的能力——不仅需要多学科知识沉淀，也需要丰富的实战经验。拥有了这种能力，细节透露心理即俗称的读心术就有了用武之地。

趣味八卦

史上最给力的“变态题”

据说，大名鼎鼎的FBI曾使用过16道心理变态测试题，在此列举几例，看看你是否具备成为FBI的潜力。

1. 雨夜，一个男人在车里面听广播。然后，突然一个闪电，随后打雷。由于闪电的干扰广播停了几秒钟，然后那个男子自杀了。为什么？

2. 从前，有一个被巫师施了魔咒的美丽公主，被关在城堡里长眠不醒。据说只有王子的深情一吻能吻醒公主。后来，一位很帅的王子攻占了城堡救出了公主。可是，他吻醒了公主之后就被公主给杀了，为什么？

3. 一个男孩酷爱足球。有一天，他决定去商店买个新的足球。商店的老板娘把店里最后一个足球卖给了他。他高兴地玩了一个下午。到了晚上，这个男孩回到家打开电视，当他看到一则新闻后立刻吓出一身冷汗。为什么？

4. 有个女孩的父母都出差了，她晚上一个人睡觉，陪伴她的只有一只爱犬。半夜，她突然听到天花板传来滴水声。为了不害怕，她把手伸到床边，让爱犬舔了舔自己的手，这才又安心地睡了。第二天清晨，女孩看到爱犬的尸体吊在天花板上，据分析是在半夜被杀的，可那时爱犬不是还在吗？请问怎么回事？

5. 有一对恋人去游乐园玩，女孩想玩过山车，可男孩有点怕没敢玩。女孩玩了一次后还想玩，这次她强拉着男孩和她一起玩，结果只有她一个人下来了。请问这个男孩是怎么死的？

答案:

1. 他以为自己聋了。

2. 应该是这个变态公主杀了这个王子后想等到下一个王子的到来。那时候她又能跟另外一个王子亲嘴，要不怎么解释呢？

3. 新闻说商店老板被杀，头不见了。

4. 凶手冒充狗舔了她的手。

5. 因为女的个子比较矮，男的个子比较高。在第二次玩过山车的时候钢丝把男孩的头割下来了，而钢丝是第一次玩的时候女孩装在隧道里的。

第三节
生活里的读心术

借助于逻辑推理，通过细节来解读心理成为行为心理学的一个重大课题。更有人将之推广到日常生活，即生活里的读心术。

心理学早就研究证实，60%~65%的人际交流属于非语言行为。比如，细微表情变化可以表露一个人内心深层的东西，这在心理学上有一定的理论依据。而且，肢体语言比面部表情更诚实，更能揭露人的内在情感——但有一个前提，必须是那种不经意间的小动作，起码是在对方毫无防备的状态下作出的自然反应。如果一个人有防备了，刻意掩饰，那就很难辨别他心里的真实想法。

所以，借助日常生活里的无意动作来洞悉一个人的心理是一门非常有趣的科学。

比如面部动作。最吸引人的自然是眼睛，特别是眼珠的转动——笼统地说，眼球往上时，是视觉的、影像的，意味着在认真观看；眼球在中间，是听觉的、声音的，意味着在认真倾听；眼球往下时，是感觉的、身体的，意味着在认真感受。具体而言，眼珠惯于向右上方转的人，其实很喜欢做白日梦；眼珠惯于向右下方转的人，心思细密，思考能力特强；眼珠惯于向左上方转的人，时常喜欢翻来覆去地回忆往事；眼珠惯于向左下方转的人，想象与思考力都很强；眼珠惯于向左右运动的人：对于大部分人来说，眼球向左边运动是对过往的记忆，向右边运动则是对未来的或未发生事件的畅想。可能的例外只有左撇子。

做出这种解读的一个显而易见的好处是，与不同心理特点的人相处可选择相对应的谈话或处事方式，甚至可进行“测谎”。譬如一个逃学的孩子在回答大人“你没上课，到底去哪了”的问题时，如果他的眼珠不经意地往左转，这说明他在回忆逃学事件，答案尚有可信度，否则，如果他的眼珠一个劲地往右转，这说明他根本就没回忆，答案的真实性要打一个大大的问号。

当然，头面部动作不只是眼珠运动，触摸或抚摸脸部是缓解压力的常用方法，诸如搓擦前额、触摸及抿或舔嘴唇、用拇指拉或捻耳垂或食指、抚摸脸部或触摸胡须、把玩头发等，这些动作都能在遇到压抑境况时起到安慰的作用。也有人会通过鼓起腮帮然后再缓缓呼气来达到安慰自己的目的。深究原因，因为脸部有很多神经末梢，这使它成为神经系统进行自我安慰的理想区域。话题至此，我们很容易联想起已故香港歌星张国荣的触摸嘴唇的经典动作——其实这是舒缓压力的表现。

头面部动作还包括一些其他动作，如手掌托腮——手托腮并不是说明这个人昏昏欲睡，它的含义非常丰富。如果手托腮时，食指和中指紧贴脸颊，说明他正对别人的发言进行深入思考；如果手腕处托着下巴，才说明这个人对会议或别人的发言漠不关心或是毫无兴趣。

此外，男性摸鼻子往往代表想要掩饰某些内容，当然，“酒糟鼻”等特殊原因除外；手放在眉骨附近则往往表示羞愧，当然，蚊虫叮咬等特殊原因除外。不得不说，这两个细小的动作具有显而易见的实际价值——当一个人边解释边摸鼻子时，其真实的含义往往是说谎；当一个人边信誓旦旦边摸眉骨时，其真实的含义往往是不足为信。

从头面部往下走就是颈部了。触摸或抚摸颈部往往意味着苦恼、威胁、不适、不安全或害怕。具体来说，感到不安、不适、恐惧或忧虑时，人们会用手掩盖颈窝；摩擦前额通常表明一个人举棋不定或者感到某种不适；抚摸颈部通常出现在一个人感到不适或不安全时。

所以，我们很容易在现实生活中见到这样的情形：当一个人感到紧张焦虑时，他常常会不自觉地紧一紧自己的衣领，这其实是一种变相的触摸颈部的行为。

胸腹部是人的防御范围，这是心理学的一个基本原理。当遇到好东西时，我们的胸腹侧会倾向它，遇到喜欢的人时也一样。而当我们感觉到事情不妙，如关系发生了变化或遇到不喜欢的话题等，否决行为就会出现，我们就会转换姿势或者转身离开。

当然，胸腹部的防御意义更在于生活细节，以恋爱为例。

司空见惯的情形是：初次约会，女孩子常常会将双臂紧紧地抱在胸前或将双手放在胸前的腿上，即使端茶喝水也不例外，这其实是一种戒备的防御姿势；随着恋爱的深入，当女孩子慢慢地接纳了男孩子的时候，胸前防御的双手会慢慢地松开而呈开放状态；一旦女孩子的双手撤开而“袒露”胸腹部时，这段恋爱大概就要“开花结果”了。所以，有些婚恋心理专家热衷以胸腹部的动作来作为判定情感变化的风向标，内中奥秘即在于此。

此外，不少男人习惯于抱胸而坐或抱胸而站，另一些男人则正好相反——习惯于将双手插在裤袋甚至插在屁股后面的口袋而“袒胸露怀”，显然，不同的姿势流露出不同的心理特点。大体的解读是：习惯于抱胸的姿势意味着防御心重，也可理解为做人谨慎或更理智；习惯于“袒胸露怀”者往往更随性或大大咧咧。

了解了身体几个部位动作的心理学奥妙，我们不妨追问一个问题：人体的哪个部位最诚实？这个部位能揭示一个人的真正意图，是我们在寻找一个人思想的非语言信号时的首选部位。答案就是——腿和脚。

1997年4月21日16时，在佛罗里达州的一所监狱里，有两个行色匆匆的中年男子快速走进一间没有窗户的屋子——审讯室。这两个男子分别是戴蒙和查尔莫斯，他们都是美国联邦调查局（FBI）的高级特工，此次他们负责一起恶性杀人案，犯罪嫌疑人叫里基·卡尔林斯。

在两名特工走进审讯室5分钟之后，里基·卡尔林斯就被两个警员带了进来。里基·卡尔林斯曾是一名大学教授，长得很斯文，他在看到两名审判官之后，表情很淡定。毕竟，这样的审讯已经不是第一次了。令特工们感到棘手的是，高智商的里基·卡尔林斯有着充分的证据证明自己与这起案件无关，他几乎隐匿了所有的线索，除了留下一件没有指纹的作案工具。

审讯开始后，戴蒙和查尔莫斯就告诉里基·卡尔林斯，他们是FBI高级特工，专门负责这起恶性杀人案。戴蒙和查尔莫斯本想用FBI高级特工身份给里基·卡尔林斯施压，让他在高压下露出破绽。可是，心理素质非常好的里基·卡尔林斯并没有被吓住，在连续审讯了一个多小时后，竟没有透露一点儿有用信息。面对两位FBI高级特工的一脸无奈，里基·卡尔林斯心里非常得意。

“如果你是真正的凶手，那么你为什么不会使用枪呢？”查尔莫斯突然在里基·卡尔林斯放松下来的时候发问。紧接着，查尔莫斯一口气连续问了好几个类似的问题。

“如果你是真正的凶手，那么你为什么不会使用刀子呢？”

“如果你是真正的凶手，那么你为什么不会使用锤子呢？”

“如果你是真正的凶手，那么你为什么不会使用棍子呢？”

“如果你是真正的凶手，那么你为什么不会使用铲子呢？”

查尔莫斯口中的铲子就是作案工具，这是所有人都知道的。不过，在查尔莫斯问到铲子之后，他就不再发问了，而是说了一句：“你不用再狡辩了，你就是那个手持铲子行凶的混蛋。”因为查尔莫斯已经证实了真凶就是里基·卡尔林斯。原来，里

基·卡尔林斯在被问到“铲子”这一问题的时候，他先是将脚换了个姿势后才回答——里基·卡尔林斯的脚出卖了他，经验丰富的查尔莫斯根据嫌疑犯换脚的姿势捕捉到他内心的秘密。结果，这起案件得以顺利告破。

显然，这是一个非常经典的案例。读心术之下，腿脚的一些动作都被赋予了特殊的心理符号。

首先是快乐脚，即高兴时双腿和双脚一起摆动或颤动。快乐脚有时会突然出现，特别是听到或看到某些意义重大的事情或事物时。

其次是转向脚，即将身体转向自己喜欢的人或事。假设你走近两个正在谈话的人，你认识他们并想加入他们的讨论，于是你走过去跟他们打招呼。可是，你并不确定这两个人是否愿意你加入，那么，注意观察他们的脚和躯体的动作。如果他们移动自己的双脚和躯体来欢迎你，那么他们的欢迎应该是全心全意的。如果他们并没有移动双脚，而只是转了转身说了声“你好”，那么表示他们不愿意你加入。

再次是翘脚行为，即脚跟还处于着地状态，脚的其他部位却向上翘了起来，脚趾指向天空。翘脚行为往往说明一个人听到了什么高兴的事。

还有其他腿脚行为，如当一个人的脚部动作从左右轻摇转向上下踢动时，说明这个人看到或听到了些什么消极或不高兴的事情；再如，当一个人突然将脚趾转向内侧或两只脚互锁时，他传递的信号是，他感觉到了不安全、焦虑或威胁。

腿脚是如此诚实，以至于我们不应该忽视了它的重大价值。

譬如，当父母教训或训斥坐在对面的孩子时，孩子逆反的首要特征往往不是言语顶撞，而是腿脚开始不自觉地向门口的方向转动，这其实意味着孩子准备“逃跑”——可惜绝大部分父母觉察不到这个动作或意识不到这个动作的含义，而是继续训斥，一旦孩子突然激烈言语顶撞或愤然转身离开时，父母在瞠目结舌的同时往往提高了训斥的嗓门或“暴力”解决，“战争”就此爆发。想想看，倘若父母能意识到腿脚转向门口方向的心理含义，并及时改变言语策略或进行必要的“安抚”，是不是既可以避免“战争”爆发又能增加说教功效呢？

除了上述这些躯体动作的心理解读外，生活里的读心术其实还有很多，真可谓不胜枚举。双手紧绞在一起，往往表示紧张、焦虑，预示个性内向。双手紧抓头发，往往表示有不可逾越的障碍，预示内心冲突。摘下眼镜细心擦拭，表示有不同的意见或拒绝对方的意见，预示隐瞒自己。搓手动作表示有所期待，预示积极心态。座位前移脚尖抬起，表示跃跃欲试，预示冲动人格。双脚交错、咽口水、抓手臂、咬牙、双手抓紧等，则表示压制情感、抑制冲动，预示心理障碍。

当然，对于生活中的这些读心术需以一种辩证观点来对待，不可盲目而简单地“对号入座”，需掌握三大应用技巧：

其一，每一个动作心理分析都应该建立在无意识动作基础上。倘若是有意识的动作甚至是特殊职业带来的习惯动作，则不宜盲目照搬。比如，军人注重军容，常常有意或无意地检查风纪扣，所以会习惯性地触摸脖子，这种动作显然没有太多心理解读含义。此外，一些身体疾患带来的特有动作也要区分对待，比如一个肺寒症的病人用双臂抱胸，这只是为了增加肺部的温暖，也无需任何形式的心理解读。

其二，动作心理分析需要整体观点。简单而言，每一个分解动作的心理解读都有可能失之偏颇或存在误差，但是，如果将种种动作心理解读汇集到一起并做整体性逻辑分析并相互印证，得出的结论自然有极高的准确性。这就需要我们善于观察，多掌握细小动作变化，并用整体观点来统筹解读，而不可如瞎子摸象般地随意下结论。

其三，不可忽视了一些特殊风俗或习性。人种不同，生活地域不同，时令不同，风俗或习性也会各异。比如，粗犷的北方人习惯大大咧咧地戳戳点点，细腻的南方人则习惯温文尔雅地“保护”自己，行为心理解读时就不得不考虑这些因素。有鉴于此，学好读心术这门学问的确需要广博的社会知识，甚至是各种风土人情方面的知识。

〇学海泛舟

读心术的理论基础

细节透露心理即俗称“读心术”，是行为心理学的一个重要部分，一般来说，它主要有三大理论基础，即人性历史学、医学生理学和社会心理学。

人性历史学的核心是了解原始社会的一些人性习性，这是读心术的一个重要理论基础，因为这些原始习性会通过潜意识在细节动作里表现出来——正是借助于这些潜意识的原始习性动作表现，观察者才可判断这些动作背后隐藏的心理特点。

例如，原始人具有战斗习性、逃跑习性和冻结习性。需要强调的是，文明的发达程度与人性的原始程度成反向发展，即文明越发达越需要原始人性，或者说，越发达的文明越需要原始人性的灌注和保养。当然，我们也可以理解为返璞归真。

医学生理学格外重视心理与生理的相互影响——心理改变之下，生理也会改变。正是借助于生理的细微变化，才可以反向推断出心理的细小变化。

有些专家如此论断：人的头颅中有三个“大脑”，每个大脑都有着不同的职责——人类大脑是由“爬虫类脑”（脑干）、“哺乳动物类脑”（边缘系统）和“人类大脑”（新皮质）组成的三位一体。边缘系统主要包括杏仁核和海马体，对来自环境中的信息所做出的反应是最真实的。边缘系统是唯一负责我们生存的大脑部位，它从不休息，一直处于“运行”状态。另外，边缘系统也是我们的情感中心。各种信号从这里发出，前往大脑的其他部位，而这些部位各自管理着我们的行为，有的与情感有关，有的则与我们的生死有关。

正是由于大脑的错综复杂和各个部位之间的相互联系，细微的情绪变化就能“波及”控制生理功能的各个大脑区域，从而带来各种生理改变。此外，还有植物神经系统的作用，进一步放大了心理之下的生理改变。

再者，人兼顾自然属性和社会属性。社会心理学的一些规律和奥秘也会通过细节体现出来。比如，习俗研究是社会心理学的一门重要课题，各种习俗其实隐藏着人类的各种社会精神需求，其中一个普遍意义的社会精神需求是依附本能——人必须依附于群体才能生存。依附本能之下，一些下意识的动作得到了很好的解读，如向亲近的人张开双臂或“袒开胸腹”，其潜意识的含义是希望建立更亲近甚至“合二为一”的关系来满足依附本能。从这个角度来说，触摸身体的无意识动作都能在某种程度上满足依附本能。

总而言之，这三大理论基础都具有很大的难度。要想从细节里读懂心理，着实不是一件容易的事情。

Chapter 05

第五章

从曾国藩知人术看姿势性格分析

第一节

曾国藩的知人之明

自古得人者昌，失人者亡。用人事关到社稷的兴废，不可不察。曾国藩就是一位善于用人的杰出大师，李鸿章、左宗棠等皆出自他的门下。史书有载，曾国藩之所以能够如此，就是因为其目光远大、深谋远虑，而且有一套行之有效的知人术。

且来看曾国藩慧眼识人的故事。

一天，李鸿章带着三个人去找曾国藩，希望他能给这三个人各自分派一份适合他们的职务。但不巧的是，他去的时候，曾国藩正好不在。李鸿章就让跟他来的三个人在外面等候。不一会儿，曾国藩散步归来，李鸿章说明了来意，并有意让曾国藩考察一下三个人的能力，也好按能力、人品、学识安排适合他们的职位。但李鸿章话音刚落，曾国藩却说："不必了。面向门厅，站在左边的那个人，是个老实厚道的人，可以分派他去做后勤工作；中间那个人是个两面三刀、阳奉阴违的小人，这样的人不值得信任，只能给他些无足轻重的工作；右边那个人是个将才，将来一定大有作为，这样的人才能委以重任，才不会误了社稷苍生。"

李鸿章闻此言，大吃一惊，说：“曾大人你是如何断定他们的为人与才能的？”曾国藩笑了笑：“古人云，听其言，观其行。我虽然没有听到他们的言语，但是我刚才回来之时，却观察到了他们三个人的行为举动。左边那个人，一直低头不敢仰视，可见他小心谨慎老实厚道，这样的人办事一定踏实可靠，给他分派一份后勤工作，可谓正称其职，我相信他不会中饱私囊，会兢兢业业干好。中间那位，表面上看起来一副毕恭毕敬的样子，可我走过去之后，他却左顾右盼，可见他是一个表里不一之人，这样的人岂可重用？右边那个人，始终挺拔如松，两眼直视前方，不卑也不亢，一定是有才学之人，他胸有成竹，没有奴才相。这样的人又怎么能不重用呢？”

再来看另外一个故事。

一次，曾国藩约了三个人在会客室等候被召见，过了正午很久，尚未被召见，一人静坐沉思，一人走来走去，一人脸上十分生气，一副不耐烦的样子。到了傍晚时，曾国藩派人告诉他们三个人，可以回家等候被用，不必见面了。有人不明白他为什么这样做，问他说："三个人为何不用召见，就被录用？"曾国藩说："此三人在屋内时，我已观察过了，那个沉思的人，心情不舒畅，不会活得很久，但为人却很稳重；来回踱步的，器度胆识不凡，刚强沉着，实在是不可多得之才；那个不耐烦的，英勇果敢，一定可败敌，然而有点心急，成功之后可能会殉国。这三人都是军中所需要的人才。"于是各自分配了他们的职责。后来的事实证明，沉思的人是王某，年余病发，功绩不显著。踱步的是彭玉麟，立军功建水师，官至兵部尚书，人们皆佩服他。不耐烦的是江忠源，勇敢好战，常常建立军功打胜仗，官至安徽巡抚，在庐州三河镇力战殉国，被追加封号为忠烈侯。

众多类似的事例举不胜举，让人拍案叫绝。当时朝野上下，一致认为曾国藩能知人用人，事实确实如此。就连善于奇谋战策的左宗棠，自视甚高、目空一切，然而在识人和用人这一块，也对同乡曾国藩心悦诚服，"知人之明，自愧弗如元辅"。毛主席也曾如此评价曾国藩："予于近人，独服曾文正。"

古往今来，知人术即俗语中的"知人善用"常常被人津津乐道，曾国藩的确是其中的翘楚。但是，知人术绝不应该与相面术混为一谈：知人术是通过动态的姿势表现、成长经历、谈吐行为等客观资料来推断一个人的性格特点，结论绝非凭空想象，属唯物主义范畴，具有很强的辩证性；相面术多是通过静态的身体形态特征来判断对方的命运吉凶，属唯心主义范畴，带有很大的盲目性。

○史海钩沉

你所不知道的相面术

所谓相面术，最初实际上是人们长期以来对俗语所说的“见面识高低”的经验总结。人们常说的“看样子就不是一个好人”，这里就包含着很多实用的相面经验。然而由于相术家把自汉代以后兴起的阴阳五行术与相人经验杂糅、结合之后，使相术蒙上了神秘色彩。

具体来说，相人术是根据人的面貌、五官、骨骼、气色、体态、手纹以及声音、动静、威仪、清浊、精神等来预测人的吉凶、祸福、贫富、贵贱、穷通、荣枯、得失、寿夭、休咎等的一种方术，其中又以相面为主。

相面术在历史长河中长盛不衰，《左传》中曾记载了这样几件事：

楚成王想立商臣为太子，征求令尹子上的意见。子上说："商臣这个人两眼像胡蜂，声音像豺狼，这是生性残忍的标志。这样的人不能立为太子。"楚成王不听他的话，后来商臣果然谋反，率领太子东宫的甲士包围了楚成王，并逼他自缢而死。

楚国的司马子良生了儿子越椒。他的兄长令尹子文说："一定要杀死他。这小子长得像熊又像虎，声音如豺狼，现在不杀，将来必然会使若敖氏一族灭亡。民谚说：'狼子野心。'这孩子就是狼，怎么能收养他呢？"子良不同意，后来越椒果然造反围攻楚庄王，被楚王击鼓进军打败，若敖氏因此被灭族。

晋国的韩宣子出使到了齐国，齐大夫子雅让他儿子子旗见宣子。宣子看了子旗的面相后说："他不是能保护家族的人。他的相貌很不温顺。"十年后子旗果然因犯罪而投奔晋国。

周灵王的弟弟儋季去世，他的儿子儋括要去见灵王的时候发出一声声的叹息。单公的儿子公子愆期听到儋括的叹息声，入宫对灵王说："儋括这人，父亲死了不哭泣，表明他心愿不小。看人的时候烦躁不安，趾高气扬，证明他心思在别的事情上。不杀他今后肯定要为害国家。"灵王说："小孩子家知道什么？"后来灵王一死，儋括就想立王子佞夫，周朝的大夫一致起来杀了佞夫，儋括逃到了外国。

第二节 细节的蝴蝶效应

细细揣摩曾国藩的知人之道，我们很容易联想起那句俗语：一叶落而知秋。似乎冥冥之中，有一个工具能帮助我们拨开云雾，透过细微姿势或小动作来看出一个人的性格。那么，这个工具到底是什么呢？

孔子云：凡人心险于山川，难于知天。天犹有春秋冬夏旦暮之期，人者厚貌深情，故有貌愿而益，有长若不肖，有顺懁而达，有坚而缦，有缓而钎。

翻译成白话文就是：人心比山川还要险恶，知人比知天还难。天还有春秋冬夏和早晚，可人呢，表面看上去一个个都好像很老实，但内心世界却包得严严实实，深藏不露，谁又能究其底里呢！有的外貌温厚和善，行为却骄横傲慢，非利不干；有的貌似长者，其实是小人；有的拘谨急躁，却通达事理；有的看似坚贞，实际上疲沓散漫；有的看上去泰然自若，迟迟慢慢，可他的内心却总是焦躁不安。

看来，知人之道绝非易事，这就涉及心理学的一个名词——

蝴蝶效应。

“蝴蝶效应”理论的出现始于20世纪70年代。

1972年12月29日，在华盛顿召开的美国科学发展学会上，洛伦兹发表了一个伟大的演说——不可预测性：一只在巴西翩翩起舞的蝴蝶能否在美国的得克萨斯州引起一场龙卷风？答案是，一只生活在巴西亚马逊河流域热带雨林中的蝴蝶，偶尔扇动几下翅膀，两周以后可能会在美国的得克萨斯州引起一场威力巨大的龙卷风。这就是著名的科学理论——蝴蝶效应。

蝴蝶与龙卷风，看似风马牛不相及，然而，大自然的奇妙就在于两者存在着内在的必然联系：蝴蝶翅膀的反复运动，导致其周边空气系统发生微妙的变化，从而产生一股微弱的气流，而这股微弱的气流，又会引起四周空气发生相应的变化，继而诱发一系列连锁反应，导致空气系统更大的变化，以此类推，最终产生出一场威力无比的龙卷风。

“蝴蝶效应”理论一经抛出，立刻引起了科学界的巨大轰动。本是混沌学上的一个代表性理论，很快就被卷入了人文学、哲学、政治学、心理学等学科的研究范畴，特别是在心理学上的重要意义，更是广为人们所接纳而深思。

归根究底，“蝴蝶效应”之所以令人着迷、令人激动、发人深省，不但在于其大胆的想象力和迷人的美学色彩，更在于其内在的哲学魅力：事物发展的结果，对初始条件具有极为敏感的依赖性——初始条件的极小偏差，将会引起结果的极大差异；或者说，局部细微的弱点可导致全盘的崩溃，局部细微的优点将预示全局的成功。

话题至此，我们似乎若有所思了：之所以能通过一些姿势或小动作来看出一个人的性格，原因就在于这些习惯性姿势或小动作所带来的蝴蝶效应将会影响一个人的一生，而这种波及一生的蝴蝶效应就是一个人性格的延续表现。具体分析，知人之道需具备两个条件：

其一，用以解读性格的姿势或动作一定是无意识表现。倘若是有意识的“表演”或职业性表现，则大可不必浪费精力。回顾曾国藩的知人术，往往是在暗中观察之后得出结论，就像一个猎手在偷窥猎物，然后伺机出击，内中道理就在于用这种方式来观察对方的无意识表现。

其二，捕捉无意识表现中能带来蝴蝶效应的特征性姿势或动作。这就需要观察者用清晰的头脑来甄别：最富于特征的姿势或动作是什么？这些姿势或动作会带来哪些类似性表现？这些类似性表现预示着日后怎样的发展？预示的发展过程隐藏着怎样的性格特点？如此一来，逻辑分析就派上了用场。

所以，姿势或动作性格分析既离不开细节观察，也离不开逻辑分析，还成为很多决策者识人用人的一块法宝。

美国福特公司名扬天下，不仅使美国汽车产业在世界独占鳌头，而且改变了整个美国的国民经济状况，可谁又能想到该奇迹的创始人福特当初进入公司的“敲门砖”竟是“捡废纸”这个简单的动作？

那时候福特刚从大学毕业，他到一家汽车公司应聘。一同应聘的几个人学历都比他高，在其他人面试时，福特感到没有希望了。当他敲门走进董事长办公室时，发现门口地上有一张纸，很自然地弯腰把它捡了起来，看了看，原来是一张废纸，就顺手把它扔进了垃圾桶。董事长对这一切都看在眼里。福特刚说了一句“我是来应聘的福特”，董事长就发出了邀请：“很好，很好，福特先生，你已经被我们录用了。”年轻的福特顿时目瞪口呆，什么问题都没有问就被录用了！这到底是怎么回事？经董事长解释，福特明白了，这个让他感到无比诧异的决定，实际上源于他那个不经意的动作——捡废纸。从此以后，福特开始了他的辉煌之路，直到把公司改名，让福特汽车闻名全世界。

不得不说，年轻的福特遇到了伯乐；也不得不说，无意的捡废纸动作带来的蝴蝶效应让董事长对他青睐有加。

无独有偶。平安保险公司的一个业务员也有与福特相似的惊喜。

这位业务员多次拜访一家公司的总经理，而最终能够签单的原因，仅仅是他在去总经理办公室的路上，随手捡起了地上的一张废纸并扔进了垃圾桶。总经理对他说："我（透过窗户玻璃）观察了一个上午，看看哪个员工会把废纸捡起来，没想到是你。"而在这次见面之前，他还被"晾"了三个多小时，并且有多家同行业务员在竞争这个大客户。

类似的故事在日常生活中也普遍存在。

一位其貌不扬的女孩，在一所极普通的大学读书，成绩也很一般。毕业后，她到一家合资公司去应聘，经理在看过她的材料后，毫无表情地拒绝了她。女孩收回自己的材料，站起身准备离去，忽然觉得自己的手被什么东西扎了一下。原来是凳子上一颗钉子露了出来。她见桌上有一块镇纸石，便拿过来把小钉子压下去。然后，她微微一笑，说了声"谢谢"，转身离去。结果，她却接到了破格录用的通知。

当然，成也萧何败也萧何：一个不经意的姿势或动作既可收获意想不到的成功，也可遭遇难以预测的滑铁卢。

在某著名外企的第三轮面试中，35名入围者都具有相当的资质和实力，而最终被淘汰出局的24人并非输在了学识和能力上。原来，在新人正式入职之后，该公司的人力资源部总监透露了那次面试中暗藏的玄机：首先，为应聘者安排的坐椅推到了桌子下面，凡是拉动椅子发出刺耳声响的，淘汰；其次，面试正式开始之前，会安排人员给面试者一杯温水，凡是面试结束后，将杯子留在桌面上的，淘汰；在面试的过程中，会有一位考官突然表现出身体的不适，凡是对此没有任何反应，继续侃侃而谈的，淘汰；最后在结束面试的时候，凡是没有在离去时随手关门的，淘汰。

这些微小的细节，看似无关痛痒，其实可以很真实地反映一个人的素质和文化修养，对于求职者的整体形象影响很大。

西方曾有一首流传甚久的民谣：

丢失一个钉子，坏了一只蹄铁；

坏了一只蹄铁，折了一匹战马；

折了一匹战马，伤了一位骑士；

伤了一位骑士，输了一场战斗；

输了一场战斗，亡了一个帝国。

马蹄铁上一个钉子是否会丢失，本是初始条件一个十分微小的变化，但其长期效应却是一个帝国存与亡的根本差别。这就是典型的蝴蝶效应。

中国也有很多类似名言，如“失之毫厘，谬以千里”，“天下难事，必作于易；天下大事，必作于细”，“泰山不拒细壤，故能成其高；江海不择细流，故能就其深”，“使人疲惫的不是远方的高山，而是鞋里的一粒沙子”，“小事成就大事，细节成就完美”……

这些至理名言所揭示的道理在根本上积聚于一点，那就是细节决定命运。

○职来职往

职场面试忌讳的小动作

职场如战场，有诸多的忌讳。有时候一个不经意的小动作，都会导致很严重的后果。以下是面试切忌的6个小动作：

1. 边说话边拽衣角。求职者在面谈时，由于紧张或不适应，无意间会拽衣角或摆弄纽扣。这个小动作很容易让考官看出你的紧张焦虑，给人留下不成熟、浮躁的印象。

2. 跷二郎腿或两手交叉于胸前。不停地轮换交叉双腿，是不耐烦的表现，而一直跷着二郎腿则会让考官觉得你没有礼貌。如果再把两手交叉放在胸前，那就表达出了拒绝或否决的心情。因此，求职时一定要注意坐姿端正，双脚平放，放松心情。

3. 拨弄头发。频繁用手拂拭额前的头发，会透露出你的敏感和神经质，还会令人产生不被尊重的感觉。为避免这种习惯影响到面试的结果，求职者最好将长发扎起来，或将头发梳理整齐，这样既显得精神又能避免不经意间拨弄头发。

4. 夸张的肢体动作。面试时适当的手势能帮助你更好地阐释自己的观点，不过动作太过活泼、夸张则会给人留下不稳重的印象。因此，面试时应以平稳、平实的态度为原则。

5. 眼神飘忽。面试时两眼到处乱瞄，容易让主考官觉得这是一位没有安全感、对任何事都不抱有信任感的应试者。最好的方法是面带微笑，眼睛看着谈话者，同时头微微倾斜。

6. 不停地看表。不论是在面谈或与人交谈时，不停地看表知时间，会让人产生压迫感。因此，求职者要把握好时间，千万不要频繁看表。

此外，对在职场面试时常见的几个小动作加以点评。

1. 掰手指节。这种人习惯于把自己的手指掰得咯嗒咯嗒的响。他们通常精力旺盛，非常健谈，喜欢钻“牛角尖”。对事业、工作环境比较挑剔，如果是他喜欢干的事，会不计任何代价而踏实努力地去干。

2. 腿脚抖动。这类人总是喜欢用脚或脚尖使整个腿部抖动。最明显的表现是自私，很少考虑别人，凡事从利己出发，对别人很吝啬，对自己却很知足。但是很善于思考，能经常提出一些意想不到的问题。

3. 拍打头部。这个动作是表示懊悔和自我谴责。这种人对人苛刻，但对事业有一种开拓进取的精神。他们一般心直口快，为人真诚，富有同情心，愿意帮助他人，但守不住秘密。

第三节
姿势的性格分析

知人之道不仅在于识人用人，毕竟那是领导者或者决策者热衷的事情，更在于日常生活中的姿势性格分析。举手投足之间，或站或坐之时，倘若能够通过一些无意识的特征性姿势来判别一个人的大概性格，该是一件多么有趣的事情。

比如，英国“睡眠评量暨顾问服务”主任克里斯·伊德兹考斯基教授曾对1000名受试者进行调查分析，整理出6种主要睡姿，并指出它们所反映出的人格特质。他说：“当我们醒着的时候都能感觉到自己的肢体动作，但我们第一次发现下意识的睡眠姿势也能表明我们的性格。有趣的是，这些姿势总是我们下意识的。”这6种睡姿分别如下：

1. 胎儿型（41%）。这是最常见的睡眠姿势，睡姿有如子宫内胎儿姿势。采取此睡姿的人外表强悍但内心敏感，初识陌生人时可能会害羞，但很快就会恢复自在。采取此睡姿的女性人数是男性的两倍有余。

2. 圆木型（15%）。睡时身体的一侧着床，两手靠近身体。这型人个性随和，喜欢待在人群之中，会信任陌生人，不过可能容易受骗。

3. 渴望型（13%）。睡时身体的一侧着床，两手向前伸出，有如在渴求些什么。这型人心胸开放，但也可能多疑苛刻。他们不轻易做决定，可是一旦做出决定就不太会再更改。

4. 士兵型（8%）。睡时脸向上平躺，两手贴在身体两侧。这型人通常沉默拘谨，不喜欢大惊小怪，对自己和别人都要求甚高。

5. 自由落下型（7%）。面朝下趴着睡，脸转向一侧，两手放在枕头旁边。这型人多半喜欢热闹，胆子大，顾忌少，内心却可能有些神经质，脸皮很薄。他们不喜欢被人批评，也不喜欢极端的处境。

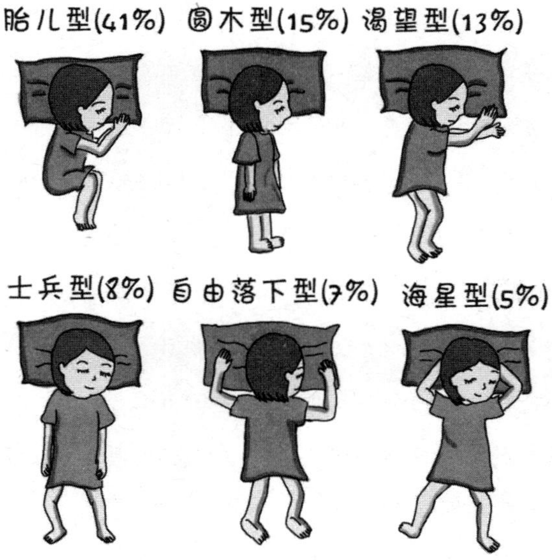

6. 海星型（5%）。脸朝上仰着睡，手脚伸开呈大字形。这型人愿意倾听他人并在必要时提供帮助，因此容易交到知心朋友。不过他们不喜欢成为团体中的目光焦点。

伊德兹考斯基教授还研究了不同睡眠姿势对健康的影响。他得出结论，自由落下型对人体消化有好处，而海星姿势和士兵姿势更容易打鼾和做噩梦。研究还发现大多数人不可能改变睡眠姿势，只有5%的人说他们每晚睡觉姿势都不同。

即使中西方文化存在差异，伊德兹考斯基教授的发现依然具有极强的参考价值。

再如，美国心理学家达曼经过多年的观察发现，人的走路姿势大致可分为6种类型，而且每一种类型的人都具有特定的性格特点。这6种类型分述如下：

1. 步履平稳型。这些人是现实主义者，精明而稳健，不轻信人言，重信义，守诺言，是可依赖的人。

2. 步履急促型。不论有无急事，这类人总是来去匆匆，明快而有节奏，他们的性格特点是遇事不推卸责任，精力充沛，喜欢迎接各种挑战。

3. 上身微倾型。这些人大多个性平和内向，谦虚而含蓄，他们与人相处时，表面沉默寡言，但极重情谊。

4. 昂首阔步型。这种人往往以自我为中心，对人有点淡漠，但思路敏捷，做事有条不紊，富有组织能力。

5. 款款摇曳型。此类多为女性，坦诚热情，心地善良，在社交场合永远是中心人物，极受欢迎。

6. 步履整齐、双手规则摆动型。这种人性格刚毅，意志坚强，具有较强的组织能力，但偏于独断专行。

走路姿势也隐藏着性格特征，这可真是大开眼界。事实上，还有比这更有趣的发现。

我们每个人都会打喷嚏，原因很多，从伤风到过敏症。但是我们对打喷嚏到底了解多少呢?

一项研究发现，当一个人打喷嚏时，会将10万个细菌以每小时100英里（1英里≈1609米）的速度喷到空中。不仅如此，打喷嚏方式可能还揭示一个人内心世界的某些方面。这是以心理学教授帕蒂·伍德为首的一些美国科学家得出的结论。

伍德对547人的打喷嚏方式进行了调查，并结合3个月的“观察”分析，最终将一个人打喷嚏的方式和行为与性格测试联系起来。调查显示，即使近一半的人认为打喷嚏是自发的，但大多数人都具有特定的打喷嚏方式，而且这种方式与其性格密切相关。伍德给出了4种打喷嚏者的性格：

1. 思想家型的人打喷嚏很注意形象

打喷嚏的方式礼貌、优雅，声音适中。打喷嚏时经常用纸巾或手绢捂住嘴，以避免秽物喷出或声音太大。这种人细心，尽职尽责，喜欢思考，做什么事情总是三思而后行，同时认真仔细，能捕捉到他人犯下的错误。即使心中拥有奇思妙想，他们并不总会找机会说出来。这种人还爱看一些引人思考的书籍，全部工作都是独立完成，一般爱一个人在家里休息。

2. 热心型的人打喷嚏声音响亮

这种人打的喷嚏声音响，有力。这一类型打喷嚏者是具有超凡魅力的领导者，影响力非凡，经常会提出伟大的创新思想，洞察力强，能鼓舞和激发他人的斗志，重视人际关系，并珍视这种关系。他们对新人和新的机遇满怀热情，而且乐观向上，独立性强，口才好，善于表达，喜欢与人沟通。

3. 直接型的人打喷嚏急促而大声

这种人打喷嚏声音极大，而且会一连好几个。他们做事果断，雷厉风行，同时也希望别人像自己一样，干练，为人简单，不想依赖任何人，最有可能成为领导者，同时个性强，不愿意受别人支配，做事效率高，憎恨受到不公待遇。

4. 学究型的人打喷嚏小声

这种人会极力放低打喷嚏的声音，甚至不想打搅别人而把这种感觉憋回去。他们通常十分热情、友好，无拘无束，生活最重要的部分是与其他人的关系，他们会避免冲突，与人为善，忠诚、冷静、值得信赖，会认真倾听别人的谈话，乐于助人。

通过性爱姿势也能分析判别一个人的性格，或许更让人觉得有意思。每个男人都有自己最喜欢的性爱姿势，这些姿势也透露出他们的一些性格特点。英国“健康在线”网站刊载了一些性学专家的观点，看看他属于哪一种吧！

1. 男上女下式。不要认为喜欢传教士式男人没有情调，之所以采用这种姿势，是因为他想看清女人的脸，这是他忠诚和可靠的表现。同时，他也希望通过这种姿势，随时看到女人对他性能力的肯定。当他采用这种姿势时，请多流露出一些鼓励的表情。

2. 后进式。这个姿势让男性可以传递自己强有力的信息，但女性未必特别喜欢，如果不断地使用这种姿势，会使双方的感情距离变得遥远。喜欢这种姿势的男人可能有较强的控制欲，性格比较粗犷。

3. 女上男下式。喜欢这个姿势的男人可能比较懒，缺少激情和抱负，希望女人为他处理麻烦的事情。然而，如果他只是喜欢跟别的姿势同时采用，那他是经常会让着女人的男人，愿意尽自己所能让女人快乐。

4. 侧卧式。这样的男人可能比较贪婪，渴望得到更多照顾，而且不够自信。

当然，姿势性格分析可谓包罗万象，不只是上述这些，与日常生活有密切关系的还有站姿和坐姿性格分析。

古人云：站有站相，坐有坐相。这句话对于现代人来说恐怕是不合时宜，因为在个性张扬的年代，站姿和坐姿呈现五花八门的形态。但正是这些极富特色的姿态，不同的性格得以彰显。

先看站姿。

1. 站立时喜欢把双手叠放于胸前的人：这种人性格坚强，不屈不挠，不轻易向困境压力低头。但是由于过分重视个人利益，与人交往经常摆出一副自我保护的防范姿态，拒人于千里之外，令人难以接近。

2. 站立时将双手握置于背后的人：性格特点是奉公守法，尊重权威，极富责任感，不过有时情绪不稳定，往往令人觉得高深莫测，最大的优点是富有耐性，而且能够接受新思想和新观点。

3. 站立时习惯把一只手插入裤袋，另一只手放在身旁的人：性格复杂多变，有时会极易与人相处，推心置腹；有时则冷若冰霜，对人处处提防，为自己筑起一道防护网。

4. 站立时两手双握置于胸前的人：其性格表现为胸有成竹，虽然不至于睥睨一切，但对自己所做的一切踌躇满志，信心十足。

5. 站立时双脚合并，双手垂置身旁的人：性格特点是诚实可靠，循规蹈矩而且生性坚毅，不会向任何困难屈服低头。

6. 站立时不能静立，不断改变站立姿态的人：性格急躁，暴烈，身心经常处于紧张的状态，而且不断改变自己的思想观念。在生活方面喜欢接受新的挑战，是一个典型的行动主义者。

坐姿则比站姿更为复杂。

1. 坐的时候双脚会碰撞或者抖动的人：此刻内心很不平复，可能正在搜肚刮肠计划什么。这是一种不自觉的行为，很多人会在问题发生后下意识有类似的表现。不过，假如是没有任何特别令人费神的情况出现，却还有这种动作，则说明这个人脾气比较暴躁、易发怒，做事也缺乏耐性。

2. 坐下便叉开双脚，但脚踝又比较贴近：这种坐姿多数是身体较肥胖的人。如果有女性是这样，则格外不雅，多半是“大侠”。男性在一般谈话过程中采用这种姿势，很容易令人产生一种优越感，也许是养尊处优的结果，值得警惕，这类性格的人往往不会逆来顺受，也不会轻易改变自己的决定。

3. 经常翘脚坐：也许是一个很守规矩的人，自我要求很高，相对地，对别人也不会放松。

4. 坐下来经常将左腿搭在右腿上，双手交叉放在大腿左侧或右侧：喜欢这种坐姿的人比较自信，对自己的见解、主张很坚决，一般不容易被他人说服，具有领导才能；但当坐上高位时又不免有妄自尊大、得意忘形之举，缺乏一定的毅力，爱见异思迁，一心只想往高处爬。

5. 坐时习惯将右腿搭在左腿上，两腿重叠靠拢，将双手交叉放在右腿上：这类人常给人平易和蔼的感觉，很容易让人接近，但这类人往往很世俗。

6. 坐时腿脚很规矩地拢靠在一起，双手交叉放在大腿两侧：这类人思想比较保守，为人做事比较古板，不轻易接受别人的意见。有时候明知别人说的是对的，但仍然固执己见。这类人还是完美主义者，做事要求尽善尽美。他们对别人很挑剔，对自己却不甚自律，爱幻想又不太重实际，做什么事都难长久，缺乏耐心。

7. 坐下来爱把两膝并在一起，两腿分开成“八”字形，两手并拢放在膝盖上：这类坐姿女性较多。因为她们比较胆怯、害羞，不自然，不大方，对自己自信心不足。倘若是男性，这类人感情比较丰富细腻，小家子气很浓，保守观念很强，很难接受新思想、新观念，爱抱残守缺。遇事缺乏理智，容易慌乱，常以偏激的方法意气行事，但事情往往很不理想。不过这类人很忠于朋友，只要朋友有困难，他就会想尽一切办法帮助解决。

当然，姿势性格分析是建立在大宗日常案例统计分析的基础上，具有普遍性的参考价值。不过，正所谓意外无处不在，在具体分析时还得兼顾实际环境和统筹分析，即考虑当时的特殊背景，并将各个姿势的性格分析结果综合起来，如此，得出的结论自然更准确更有实际意义。

育儿宝典

读懂宝宝的“小九九”

别以为宝宝什么都不懂，其实他们天生就具备思维能力。妈咪只要细心观察宝宝的一举一动，就能准确了解宝宝的心理需求。以下列举几项妈咪不太容易理解的宝宝体态语言。

1. 一向喜欢与妈咪对视的宝宝突然开始不耐烦地躲避妈咪的目光，打哈欠，或者干脆眯缝着双眼不理睬妈咪。

悄悄话：哦，妈咪！你今天给予我的刺激太多了，我累了！请让我安安静静地待一会儿。

2. 澄澈的眼底亮光闪闪，突然口角牵动，笑容骤现，与此同时，双手晃动，一副悠闲自在的模样。

悄悄话：唔！我吃饱了，喝足了，尿布也很干爽，感觉很舒服，没有任何烦心的事情。

3. 宝宝瘪起小嘴，好像受了天大的委屈，随即啼哭起来，声音越来越大。

悄悄话：妈咪，我饿了（或尿布湿了，不舒服了，妈咪好久没理睬我了……）。

4. 宝宝睡得不踏实，不停地吸吮舌头、嘴唇，或者将小手往嘴里塞，用小手击打双颊，头摇来摇去，仿佛在寻找什么，随即开始啼哭。

悄悄话：妈咪，我好饿啊！快给我运送粮草。

5. 宝宝眉筋突暴，脸部皮肤发红而且目光呆滞。

悄悄话：坏了，妈咪！救命啊，我要拉臭臭！

6. 宝宝自得其乐地玩弄舌头，吧嗒嘴唇，吮手指，吐泡泡，舒缓地挥胳膊踢腿。

悄悄话：嘘，我现在感觉很舒服，我想自己玩一会儿，千万别打扰我哦！

7. 宝宝醒了。每次妈咪拉开窗帘，宝宝便眯缝起眼睛同时喷嚏连天。

悄悄话：别紧张，妈咪！我没有感冒。光线刺激我的眼睛和鼻腔内神经，我的鼻子有一点点痒痒。

Chapter 06

第六章

从FBI破案技术看心理较量技巧

第一节
FBI的神奇破案技术

谈起FBI（美国联邦调查局），全世界都觉得它是神秘和神奇的代名词。事实也是如此，因为FBI破获的一些大案要案常常让全世界为之震惊。

1908年7月26日，时任美国司法部长的查尔斯·波拿巴创立联邦调查局，当时的目的是为美国司法部侦破重要的犯罪案件，随后其职能越来越大，并发挥越来越重要的作用。但是，百年来很少有人能真正揭开FBI的神秘面纱，因为它的严格保密制度让人望而却步，人们往往只能从一些退休特工的回忆录里“一睹真容”——透过一些真实的案例，不得不佩服FBI的神奇破案技巧。

1984年11月17日，美国“凤凰城”菲尼克斯发生了一起抢劫杀人案，67岁的老富翁德雷克斯勒在家中的小花园被枪杀，家里的财物被抢劫一空。在接到报案之后，FBI高级警官莫里斯·凯拉斯奇立刻带着下属前去查案，在对案发现场进行了仔细的勘验之后，莫里斯发现劫走全部财物只是一个幌子，凶手的真正目的是置德雷克斯勒于死地。那么，凶手为什么要残忍地杀害一位老人呢？

带着这样的疑问，莫里斯·凯拉斯奇展开了调查。在经过近四个星期的查访之后，莫里斯将目标锁定在被害人的远房侄子贾米尔·佩特洛的身上。于是，莫里斯迅速抓捕了贾米尔。但是，行伍出身官至中校的贾米尔却百般抵赖，无论如何都不肯承认自己的罪行。

“中校，你很清楚，一个杀人犯肯定会拼死抵赖的，因为他犯下的罪行实在是太严重了，我的话你懂吧。”莫里斯一脸威严地说。

“请不要用这种口吻跟一个参加过越南战争，营救过出事矿工，身上有七处伤疤的老兵这样说话，我要是犯了什么罪的话，肯定会说。我以一个老兵的荣誉担保，我没有说谎话。”拥有较强心理素质的贾米尔·佩特洛中校一脸正气地说，仿佛他的身份根本就不是犯罪嫌疑人，而是一名刚刚从人们欢呼中走出来的荣誉士兵。

“哦，尊敬的中校，请问你和你叔叔的情人茱莉亚是什么关系。我们发现你们走得很近。”

“不可能，我怎么会有动我叔叔的情人的念头。你们太看不起一位老兵了。”

“你对茱莉亚没有动感情？那么你为什么总是缺钱用？据我们调查，你信用卡的等级已经被调到了最低，因为你欠了银行很多钱，你的钱都花在茱莉亚身上了。”

“没有，我怎么会为那个女人花那么多钱？我的钱……”贾米尔说到这里的时候，明显地卡住了。

“中校，为什么不说下去呢？你的钱没有花在茱莉亚身上，都花在什么地方了。据我们调查，你在拉斯维加斯可是有着醉酒驾驶的记录，而那里可是全球闻名的赌城啊！我敬重的老兵！”莫里斯·凯拉斯奇突然提高了嗓门，因为此时多种假设的结果已经逼得贾米尔有些慌了，不知所措。而莫里斯也知道，真相马上就要浮出水面了。

“哦，那我知道了，你和你叔叔的积怨很深，结果忍无可忍，最后就枪杀了自己的叔叔。”莫里斯继续逼问。

“不，我是为了拿到他卧室里的画。哦，不，我怎么这么说。”贾米尔懊恼地摇了摇头，他已经说漏嘴了。

原来，贾米尔·佩特洛是想要拿叔叔卧室里那幅名画去讨好自己刚刚认识的一个女人，但在多次索要无果之后，最终因愤怒枪杀了自己的叔叔。

这无疑是一个经典的案例。在这个案例里，特工莫里斯·凯拉斯奇展现出的睿智思维和精妙的言语艺术让人印象深刻，特别是言语之中体现出的心理攻势更是大放异彩——先是借助茱莉亚抛砖引玉，让贾米尔·佩特洛顿时慌神，然后借助赌城的醉酒驾驶记录和大肆挥霍金钱的事实进一步攻克贾米尔的心理防线，最后用“你和你叔叔的积怨很深，结果忍无可忍，最后就枪杀了自己的叔叔”来直接“点穴”。在这一环套一环的心理攻势之下，贾米尔终于心理防线崩溃而露出了破绽。

本是几句似乎很平常的对话，却于平静处闻惊雷！

事实上，这样的案例在FBI的办案记录里不胜枚举，往往在平静的语言之下隐藏着犀利的心理攻势，也有人将这种技巧称为攻心术。只是，攻心术里到底隐藏着怎样的奥妙呢？

○史海钩沉

百年FBI铸就世界传奇

从几十名侦探发展到一支3万余人的队伍，美国联邦调查局（FBI）自1908年7月26日创建至今，已走过百年历程。

据分析，FBI之所以提升至世界传奇的水平，部分要归功于像埃德加·胡佛和特工埃利奥特·内斯这般赫赫有名的人物：前者在“二战”和骚乱迭起的民权运动期间领导FBI近50年之久，而后者则抓获了臭名昭著的匪徒阿尔·卡彭。

FBI在早期担负着20多种职责——从调查联邦刑事案件、侦破白领阶层犯罪案件，到维护国家安全等方方面面。随着时间的推移，由于国会将越来越多的行为视作违反联邦刑法，FBI的权限有所扩大。另外，随着“一战”和“二战”等国家安全危机的出现，该机构的权限也扩展了。

此外，FBI也为大批好莱坞电影提供素材，包括1935年由詹姆斯·卡格尼主演的影片《执法铁汉》、1991年由安东尼·霍普金斯和乔迪·福斯特主演的影片《沉默的羔羊》。

第二节
心理“点穴”一招制敌

深究FBI特工的破案技术，心理“点穴”绝对是一门绝活。但是，如何“点穴”和在什么时机“点穴”是最值得思考的事情。

如下为FBI特工审讯犯罪嫌疑人的一段真实记录：

“请问你的名字？”

“我叫路易斯·安特，我的家在迈阿密。”

“具体地址呢？”

“迈阿密邓肯大街388号17栋209室。”

“11月23日那天凌晨4点，你都去过哪里？”

“哦，上帝，那天我感冒了，所以一整天都在家里睡觉。”

“你没有去看病吗？”

“没有，就普通的感冒而已。我家里有药，我随便吃点儿药就好了。”

“有什么人能证明你那天晚上一个人在家里？”

“我都说了一个人在家里，怎么会有人能证明呢？”

“请你说说，那天凌晨4点钟，你到底在哪里？”

“我已经告诉你们了，我真的不知道，请你们不要再烦我了，我现在急着回家呢，我女朋友还等着我一起吃饭呢！”

“我再重复一遍，那天凌晨4点钟，你到底在哪里？”

“混蛋，你们听不懂吗？我怎么会是一个盗窃分子呢？请你们搞清楚之后再问我好不好？如果你们再继续这样下去，我将采取法律手段来维护我的权益。”

“哦，路易斯，我可没说你是一个盗窃犯，我只是问你那天凌晨4点钟的时候你到底在哪里，你怎么知道我们将你视作盗窃犯呢？”

“这个，这个……”

在这段对话里，特工巧妙地运用了重复提问的方法来“点穴”——他在短短一分钟里用不同的方式连续问了三遍“那天凌晨4点钟，你到底在哪里”，结果让犯罪嫌疑人难耐其烦而露出马脚。不难想象，如果犯罪嫌疑人依然不“缴械”的话，特工一定会用其他的方式将这个问题继续进行下去，直至犯罪嫌疑人的心理防线出现裂缝。

这不由得让人想起农夫与牛的故事——借助于一根套在牛鼻子上的绳索，农夫可以对桀骜不驯的牛发号施令，操纵自如。FBI特工运用的心理“点穴”就像“牛鼻子上的绳索”，让被审讯者为特工所操控直至和盘托出。

有鉴于此，很多人如此评价：FBI最神秘的心理技巧，就是让他人像被催眠一样受影响和操纵！

1999年，某国的间谍组织在美国安插了一个名为“猎鹰”的小组。“猎鹰”很快被FBI发现。FBI派了一位名叫特里克·韦尔斯的优秀特工去调查此事。

特里克将自己伪装成一个画家，在一次画展上与“猎鹰”的负责人霍林格尔斯基夫结识。此后，特里克经常以交流绘画为由约对方出来喝咖啡、散步、谈心，加强两人之间的联系。

随着交流时间的加长，两人的关系越来越好，后来成为了好朋友。这时，特里克开始有意无意地暗示霍林格尔斯基夫在某些生活方式上与普通老百姓不一样，例如“指责”他与自己喝酒的时候为什么老挑离某国大使馆最近的酒吧，或者“指责”他老烧掉自己的画。

霍林格尔斯基夫当然装作没有听懂，他这时也有点看出特里克一些不对劲的地方，觉得对方也不是个寻常人。但两人谁都没有先开口。

到了时机成熟的时候，特里克将霍林格尔斯基夫的犯罪证据拿了出来，对方的脸色当即变了，手不知不觉地摸向了放着枪的口袋，全身冒出了冷汗。

但特里克对霍林格尔斯基夫说道：“只要你能够让‘猎鹰’为我们服务，我就可以放你走。你还能继续在美国生活下去，我绝对可以保证你的自由。”

为何特里克会如此直白地与霍林格尔斯基夫谈条件呢？原因在于，他提前洞悉了霍林格尔斯基夫的需求——在特里克看来，他是一个只关心自己利益，而不会顾及组织利益的不合格的特工，所以，当他直接提出满足霍林格尔斯基夫对“自由”的需求时，对方一定会同意。

果然，这个“猎鹰”特工在考虑了十几秒后，说道：“我选择自由。”

之后，在特里克的精密安排下，“猎鹰”组织所有成员都不得不投降，使某国的情报组织损失惨重。

这个案例清晰无误地告诉我们：提前预测对方需求往往可以成为心理“点穴”的一个基础。所以，心理“点穴”不是凭空想象，而是建立在熟知对方的基础上，诸如提前预测对方需求，了解对方的习性等，所谓“知己知彼，百战不殆”。

其实，心理“点穴”的道理不仅存在于FBI特工破案的技巧里，也存在于古往今来的历史事件和日常生活中。

比如，拿破仑就曾成功地预测敌方的需求，然后适时地进行心理“点穴”，从而达到自己的各种目的，可谓是一位大师级的心理策略师。

那一年，这位25岁的年轻法国将军面对一些衣着破烂、腹中饥饿的意大利军队，说了这样几句话：“各位兄弟，现在你们可能衣衫褴褛，吃不上几顿饱饭，但我将要把你们带到世界上最富裕的地方去。你们在那儿不但能穿上漂亮衣服，吃上美味食物，还能看到漂亮的都市和乡村。”

待军队攻下米兰后，他开始改变策略。他不再在食物和物欲

上动嘴皮子，而是称赞这些士兵是“历史的创造者”、“家乡的英雄”等，并说：“你们的邻居朋友会指着你对别人说，‘他曾服役于最勇敢的意大利军队’。”

在金字塔下两年对阵，他再次鼓励他的士兵，大声宣称：“我的兄弟们，4000年的历史正等着你们呢。”

攻打莫斯科时，他又用极为憧憬的语气说道：“将会有丰富的物资、舒服的防寒营房，胜利归来后还能与家人共享天伦。”

拿破仑深刻了解士兵们的需求，并能将他的军事计划与士兵们的欲望紧密联系在一起，鼓动他们为自己的“欲望”而战。他所说的正是士兵们心中强烈渴求的，如此心理“点穴”，士兵们自然肯奋不顾身、拼死作战。

其实，每个人都会有特殊的需求，只有成功预测对方的需求，才能让对方全心全意为自己办事。

心理研究表明，若想尽快接近一个人，并从他嘴里探出你想要的，就一定要对他谈论一些他感兴趣的东西，满足他的需求，才能达到目的；若想征服对手，不妨先找出对方真正需要的是什么，用来引诱对手向自己“投降”。

很多年前，前芝加哥大学校长马克思·梅森接受了一笔价值50万美元的捐赠，这笔钱足够学校建起一个全新的实验室。校长聪明地将这件事告诉了当地的媒体。

第二天一早，那位慷慨捐出50万美元的富翁从报纸上看到了关于自己捐献的报道，还看到了自己的照片，非常高兴。此后不久，马克思·梅森又收到了那位富翁高达100万美元的捐款。

正是因为梅森深知富翁渴望被大众关注赞扬的需要，满足了他的虚荣心，便获得了这笔不菲的第二次捐赠。不得不说，梅森的这种借力打力的心理“点穴”可谓巧妙至极！

有这样一句成语：攻城为下，攻心为上。三国时，马谡给诸葛亮提出建议：“用兵攻心为上，攻城为下；心战为上，兵战为下”，诸葛亮采纳了他的策略，七擒七纵孟获，果然达到了长治久安的效果。孙子曰：“善用兵者，屈人之兵而非战也，拔人之城而非攻也，毁人之国而非久也。必以全争于天下，故兵不顿而利可全，此谋攻之法也。”

○知识百科

古代战争的攻心术

讲究“不战而屈人之兵”、“攻心为上”的心理战由来已久，早在2500多年前，《孙子兵法》就对心理战进行了一些论述。中国古代最经典的三次攻心战分别为空城计、麦丘之战和垓下之战。其中以诸葛亮智退司马懿的“空城计”最为后人熟知。

《三国演义》第九十五回：“‘如魏兵到时，不可擅动，吾自有计。’孔明乃披鹤氅，戴纶巾，手摇羽扇，引二小童携琴一张，于城上敌楼前，凭栏而坐，焚香操琴，高声昂曲。”

魏国派司马懿挂帅进攻蜀国街亭，而诸葛亮派马谡驻守失败。司马懿率兵乘胜直逼西城，诸葛亮无兵迎敌，但沉着镇定，大开城门，自己在城楼上弹琴唱曲。司马懿怀疑设有埋伏，引兵退去。

“空城计”由此得名，后来泛指掩饰自己力量空虚、迷惑对方的策略。虚而示虚的疑兵之计，是一种疑中生疑的心理战，多用于己弱而敌强的情况。

第三节
生活里的心理较量

攻心术是如此有魅力，以至于很多人希望能从中悟出一些心理较量的门道。显然，一些人获得了成功。

据说，古代波斯的珠宝商人在出售首饰时，就是根据顾客瞳孔的大小来要价的，如果一枚钻戒的熠熠光泽能使顾客的瞳孔扩张，商人就把价钱要得高一些。今天的商人也不甘落后，他们将瞳孔研究引入了商业领域，并且证明了瞳孔的扩张会令广告模特显得更有吸引力，从而影响顾客的购买倾向。所以，商人只要将照片上模特的瞳孔修改得更大一些，就能有效地提升产品的销量。一个成功的案例是，在直销活动中，商家通过修改广告宣传手册上模特的瞳孔尺寸，使露华浓唇膏的直邮销量提升了45%。另一个司空见惯的事实是，卖得最好的儿童玩具总是把儿童广告模特的瞳孔弄成超大尺寸。

无独有偶，当情侣们深情对望时，他们是在不知不觉地寻找对方瞳孔扩张的信号，而且彼此都会被对方扩张的瞳孔激发出兴奋的情绪。此外，当男人们观看色情电影时，瞳孔会扩大到原始

尺寸的三倍，而女人们则是在看到妈妈和婴儿嬉戏的图片时，瞳孔扩张最为明显。

显然，瞳孔是生活里心理较量的一个重要“道具”。芝加哥大学心理学系的前系主任埃克哈特·赫斯是一位瞳孔运动研究领域的先锋，他发现瞳孔的大小是由人们情绪的整体状态决定的。有鉴于此，一些人懂得运用瞳孔来增加自己的吸引力。

比如，今天很多爱美的女性习惯在眼眶周围涂上一圈黑眼线，其功效就在于间接扩大瞳孔——黑眼线会让眼睛看起来变小了，而眼睛中央的瞳孔则相对变大了，如此一来，吸引力倍增。

再如，一些人在谈判的时候故意让窗帘半遮半掩——自己坐在窗帘遮盖的阴影里，而让对方坐在窗帘未遮掩的明亮处，其目的就是让自己的瞳孔因为阴影而放大，对方的瞳孔因为明亮而缩小。两相对比，谁更有魅力谁更有力量岂不是一目了然？

另外，有的人在约会的时候故意捧一张报纸凑在眼睛跟前看，近距离的观看自然会让瞳孔逐渐放大，待对方来到而放下报纸时，那放大两倍甚至更大的瞳孔自然会让对方不知不觉地被吸引住。

除了瞳孔，眨眼动作也隐藏着玄机。

波士顿大学心理学教授约瑟夫·泰切曾经做过这样一项有趣的研究：在1996年10月17日的一次辩论中，克林顿平均每分钟眨眼48次，而他的对手戈尔，平均每分钟105次。因此，克林顿看起来轻松自如，给人以自信的印象，而戈尔似乎显得局促不安，让人觉得不可靠，结果自然落选。泰切还对参加1960年、1980年、1984年、1988年和1992年总统辩论的候选人眨眼睛的次数进行了研究，结果发现，每分钟眨眼次数最多的候选人在大选中总是失利。对此，泰切解释说，当人感到重压，内心难以承受时，眨眼的次数往往就会增多。

这项研究也证实了这样一个事实：为了树立“伟岸”形象，延长眨眼的间隔是西方社会的肢体语言，特别是英语国家里自以为是上流社会的人，经常做这个动作。如果生活中遇到这样的人，最好先想想是不是因为自己的言语不够精彩，不够恰如其分，引起了对方的厌烦。如果真是这样，那就需要采取新的策略来激发对方的兴趣。如果对方这样做仅仅是出于高傲，那么不妨给予“傲慢”的回敬。

此外，北得克萨斯大学大卫·法拉比博士带领的心理学研究小组进行的实验发现，非常自信的人，即使对方和自己的意见不同，1分钟之内也会有24.53秒是注视对方的。这说明非常自信的人是不会轻易转移视线的。但是，容易不安的人就不同了。他们在别人提出反对意见时，会很轻易地转移自己的视线。同样是在1分钟之内，他们注视对方的时间仅为7.74秒。

除了运用身体语言来进行心理较量，肢体动作也可成为攻心术手段，比如司空见惯的端杯子动作。

举个例子，我们接待一个客人，自然会为客人端来一杯茶水以示礼貌。当我们与客人面对面坐下来的时候，这杯水到底放在茶几的哪个地方合适呢？显然，这是一个很容易被忽视的问题。一般来说，这杯水会放在客人的手边以方便他端杯喝茶，但是，站在攻心术的角度看，这杯水应该放在客人刚好够不着而自己能顺利够着的地方！这是为什么呢？

原来，当客人闲聊中想起端杯喝茶的时候，他伸出手来却发现刚好够不着，这时候我们适时地将杯子往前推一推，他在顺利端起杯的同时会觉得我们体贴入微，好感油然而生。

小动作却能得到如此美好的感受的回报，何乐而不为！

此外，两面性语言的运用也不失为一种攻心术技巧，比如这样的语言：你看起来有点冷淡，其实，你对人是很热情的。这种几乎适用于每个人的语言往往能快速拉近心理距离，让每个人都觉得遇到了知己。

试读以下这段文字，是不是放之四海而皆准呢：

你相当需要别人喜欢、羡慕、尊敬你；你一直对自己要求很严格，自觉有相当的潜力尚未开发；你发现自己在人格上有缺陷，但你有能力去弥补；虽然外表上你看上去很有自制力，但内心深处却常常没有安全感，担心自己的表现是否正确；你趋向于改变现状，不喜欢各种束缚手脚的限制和规定；你以自己能独立思想为荣，如果没有令你满意的证据，你不会接受他人的观点；你发现对别人坦白并非好事……

语言的攻心术不仅在于两面性语言的运用，还在于声东击西式的语言“点穴术”。以下为一段心理咨询过程中的片段，非常形象地体现了这种技巧。

求助者（女大学生）：我最近心神不宁，上课没心思，睡不着觉，成天胡思乱想，还不知道在想什么。

（此处省去繁琐语言：经询问，始终不肯吐露真言，但排除学习压力大、家庭矛盾、情感落寞等常见原因。）

咨询师：平日有什么爱好？（对于闷葫芦，往往可以此为突破口发现蛛丝马迹。）

求助者：没什么爱好，只是喜欢看点书。

咨询师：很好啊，看得出来，你很有内涵，原来是爱好看书的结果。（送上一顶高帽，让她“中计”。）

求助者（低头微笑）：其实，我的书看得不多。（表面谦虚，心里偷着乐。）

咨询师：能告诉我最近在看什么书吗？（看似乱弹，其实是开始“声东”。）

求助者：在看一些诗集。（心里很高傲，以为咨询师是土包子，其实钻进了咨询师的“圈套”。）

咨询师：其实我也很喜欢诗歌，不知道你喜欢谁的诗？（当回小学生，继续给她戴高帽。）

求助者：我喜欢《志摩的诗》。（终于露出了马脚，这是一个强烈的信号，是感情内心冲突的信号。）

咨询师：哦，太巧了，我也喜欢志摩的诗，特别是那首《云游》。（附庸风雅一把，也给她一个意外。）

求助者张大了嘴巴，转而默默不语。（击中要害了！）

咨询师：是不是这首诗让你难过了？（收网了，该“击西”了。）

良久，求助者默默地点了点头。

咨询师：冒昧地问一句，暗恋的滋味不好受，对吗？（直奔主题，出奇制胜。）

一击即中之下，咨询师很快掌握了求助者的心理症结，看起来的确有些神奇。事实上，当我们看了《云游》这首诗，一切都恍然大悟了。

云　游

——徐志摩

那天你翩翩的在空际云游，
自在，轻盈，你本不想停留
在天的哪方或地的哪角，
你的愉快是无拦阻的逍遥，
你更不经意在卑微的地面
有一流涧水，虽则你的明艳
在过路时点染了他的空灵，
使他惊醒，将你的倩影抱紧。
他抱紧的只是绵密的忧愁，
因为美不能在风光中静止；
他要，你已飞渡万重的山头，
去更阔大的湖海投射影子！
他在为你消瘦，那一流涧水，
在无能的盼望，盼望你飞回！

语言上的攻心术还体现在“倒放情景法”。美剧《别对我撒谎》中提到，为了测试一个美国官员是否召妓，测试员先问他是否在周五晚上去了某个夜总会，他立刻否认说没有，接下来，测试员让他谈一下，周五晚上他都干了些什么事情，他理直气壮地按时间先后顺序说了那天晚上他曾经干过的三件事情，等他刚刚说完这三件事，测试员马上就让他倒过来再复述一遍他刚才说的三件事，从最后一件事开始讲，一直说到开始的那件事，他说起话来就吞吞吐吐了。只见他皱起眉头使劲回忆，也想不起第一件事是什么来了。

为何让他颠倒再说一遍，他就不行了呢？其实原因很简单，当人在撒谎的时候，正向记忆与反向记忆很难完全吻合。如此说来，反复“倒放情景”的确是一件很考验人的事情。

○演讲与口才

如何让演讲有说服力

每一次交流都是一次IPO（首次公开募股），一个有说服力的演讲可能会成全一笔价值连城的生意。

你有没有考虑过，在演讲时，你应该站在PPT（Powerpoint，微软公司设计的演示文稿软件）投影的左边还是右边？或者压根儿无所谓？世界排名第一的演讲教练杰瑞·魏斯曼会告诉你，因为人们的眼睛天生习惯从左向右看，演讲者最好站在PPT投影的左边，这样当听众看完PPT演示后，目光就会自然而然地移动到演讲者的身上。

曾指导过微软、英特尔、可口可乐、雅虎、杜比实验室等全球顶级企业CEO（首席执行官）做IPO路演的杰瑞·魏斯曼反复强调，“千万别让听众思考”，连听众眼睛的负担也要减轻！

在杰瑞·魏斯曼的职业生涯前半段，他因为担任哥伦比亚广播公司节目制作人，每次都不得不看完几个小时的资料和影像，并且进行数以千计小时的采访，最后再把它们剪辑成一段不多不少、28分钟40秒的节目，还要确保内容能够抓住观众的眼球，让他们愿意看下去。这让魏斯曼练就了一套简单的技巧，能够把各种资料整合为一个完整的故事并叙述出来。

25年前，魏斯曼将多年来在电视行业、影视行业形成的这一套方法经验迁移到商界领域，带着它经历了500多场IPO路演的实践检验。思科董事会主席唐·瓦伦丁盛赞他说，“思科公司在IPO路演中大受欢迎，成功以每股18美元售出280万股，其中至少2~3美元的股票要归功于魏斯曼”。

Chapter 07

第七章

从中美调研报告读懂孩子的心

第一节
一个伟大预言的破产

1979年6月，中国曾派一个访问团去美国考察初级教育，回国后写了一份3万字的报告，在见闻录部分有四段文字：

学生无论品德优劣、高低，无不趾高气扬、踌躇满志，大有“我因我之为我而不同凡响”的意味。

小学二年级的学生大字不识一斗，加减法还在掰手指头，就整天奢谈发明创造。在他们手里，让地球掉个个儿好像都易如反掌似的。

重音体美，轻数理化。无论是公立还是私立学校，音体美活动无不如火如荼，而数理化则乏人问津。

课堂几乎处于失控状态。学生或挤眉弄眼，或谈天说地，或跷二郎腿，更有甚者如逛街一般，在教室里晃来晃去。

结论部分是这么写的：美国的基础教育已经病入膏肓，可以这么预言，再过20年，中国的科技和文化必将赶上并超过这个所谓的超级大国。

在同一年，作为互访，美国也派了一个考察团来中国。他们在看了北京、上海、西安的几所学校后也写了一份报告，在见闻录里也有四段文字：

中国的小学生在上课时喜欢把手端在胸前，除非老师发问举起右手，否则轻易不改变；幼儿园的学生则喜欢把胳膊放在身后，室外活动除外。

中国的学生喜欢早起，7点前在中国的大街上见到最多的是学生，并且他们喜欢边走边吃早点。

中国学生有一种作业叫做“家庭作业”，据一位中国老师的解释，它是学校作业在家庭中的延续。

中国把考试分数最高的学生称为学习最优秀的学生，他们在学期结束时，一般会得到一张证书，其他人则没有。

在报告的结论部分，他们是这么写的：中国的学生是世界上最勤奋的，起得最早，睡得最晚。他们的学习成绩和任何一个国家同年级学生相比都是最好的。可以预测，再用20年时间，中国在科技文化方面，必将把美国远远甩在后面。

30年过去了，仅仅在1979年到1999年的20年间，美国“病入膏肓”的教育制度共培育了43位诺贝尔奖获得者和197位知识型亿万富翁。2003年共产生11名诺贝尔奖获得者，美国占了半数左右。直到2012年，中国才有第一位问鼎诺贝尔文学奖的莫言。

两份预言都错了！

为什么会出现这样的结局，很多教育专家和心理专家都在认真反思，综合比较之下有人归纳出中美教育十大差异：

一、为谁而学

美国教育告诉学生学习是自己的事，让学生自己去想，想学什么东西，因而学生一般学得主动、灵活、高兴。而中国的教育总是要事先给学生做出细致繁琐的各种规定，该学什么，学多少，什么时候学，该怎么学等等。

二、育人目标

美国不太重视“基础知识”的学习，极其看重学生“创造力”的培养，他们觉得要趁孩子年龄小时抓紧培养创造性思维；而中国教育特别重视所谓的“双基”，重在练“基本功”，不重视对学生创造力和思维能力的培养。

三、课堂

中国的教育善于给孩子总结，把学生教到无问题就好；而美国的教育善于给孩子启发，把学生教到能不断提出新问题。中国的课堂要举手发言，美国的课堂鼓励自由发言。中国的课堂讲纪律，美国的课堂讲人权。

四、师生关系

在中国，一日为师终身为父，孩子刚踏入学校就知道老师总是高高在上。在美国，教授也没有什么权威可言，美国人不承认所谓的权威。

五、考试制度

美国的考试经常是开卷，孩子们一周内交卷即可，而中国的考试则如临大敌，单人单桌，主监副监严防紧守。在中国，考试的主要目的是为了淘汰；而美国的考试目的在于寻找自身存在的不足，查漏补缺，以利于今后的发展。

六、班级人数

中国虽明文规定每班不超过45人，但乡镇及县级学校班级人数平均60人之多，法律并不能约束什么。而在美国，一个班的人数不超过30人，31个人就属于违反教育法。

七、时间

在一年中，中国中学生有8个月是上课时间，每天11个小时左右的在校时间。美国学生每年只有1000个小时左右，上学时间短、课业负担少。

八、成绩单

成绩在美国属于“隐私”：老师给家长看成绩单，只给你看自己小孩的成绩，不会公布全班的成绩。在中国，行政部门会想方设法公布学校成绩。

九、教材

美国的教材浅显，对孩子没有严格的要求，特别是数学，导致许多成年人离开计算机就会对数字没了概念，但是他们注重动手能力、创新能力的培养。中国的教材一味地强调夯实基础，导致机械重复的作业一大堆，其结果是造就了一批又一批高分低能的人才。

十、课外生活

中国一般不太允许小孩参加真正的社会活动。但在美国小学生一旦走进校门就开始真正参与社会活动了。美国的课外活动是学生自发参与，经费也是大家共同出资、共同寻求赞助。美国让小孩接触社会环境的方式非常多，他们认为教育即生活。

两相对比，我们的思路清晰了许多：相比美国的教育理念，我们的教育模式的确在很大程度上限制了孩子的潜能开发。心理学早就告诉我们，每个孩子都拥有自己独特的天赋，每个孩子的未来都不是梦。但是长期以来，中国的传统教育过于承认孩子写在试卷上的天赋，西方教育则承认孩子各有各的天赋。

要想使孩子的未来不是梦，父母不能忽视保护和挖掘孩子的潜能与天赋。

探索与发现

天才儿童如何发现?

家长总把考试成绩作为衡量聪明孩子和好孩子的首要标准。英国学者发现，家长们的这种想法可能会扼杀孩子的潜能。他们建议，家长们应细心观察孩子除学习成绩外的表现，因为那可能预示孩子在某一方面是个“天才”。

英国牛津大学天才儿童研究中心前讲师贝纳德特·泰南认为，许多天才儿童可能在学校或考试中表现并不优异，但他们在其他方面的表现能够说明他们拥有高于同龄儿童的才能。

泰南为望子成龙望女成凤的家长们列出了一份天才儿童特征清单，以发现孩子的潜能。在清单中，她给出小学生六大最容易被家长忽视的才能特征。

特征一：喜欢发号施令的领袖。善于重新排列物品或有条不紊地在学校里负责给全班同学排座位的孩子，他们可能具备强有力的领导和组织才能。

特征二：年轻的大亨。在小学里，一些孩子很快发现，如果他们将平时的零用钱积攒起来，假期中就将拥有一大笔钱来支配。这些孩子长大后很可能成为像英国维京大西洋航空公司总裁理查德·布兰森那样的人。

特征三：刨根问底者。一些孩子总是充满好奇，有时甚至不厌其烦地问问题。但是如果他们这种特性得到家长的培养和重视，他们极有可能成为记者或宇航员。

特征四：设计师。这种类型的孩子，如果让他独自待一会儿，他就能够用积木搭建出一座法国埃菲尔铁塔的模型。具有这种才能的孩子是设计天才。

特征五：故事讲述者。有的孩子喜欢讲故事和写故事，他们的想象力丰富。发现孩子有此种个性的家长要好好培养，因为他们很可能是下一个J·K·罗琳。

特征六：演讲者。这种孩子喜欢同人讲话，他们甚至在上课时也和同学在下面窃窃私语。作为家长，请不要制止他们的行为。他们的行为说明，他们有着特殊的演讲才能，若加以正确培养，很有可能成为律师或电视主播。

第二节
天赋的递减原则

保护和挖掘孩子的潜能与天赋，就一定要明白早期教育的重要性——天赋的递减原则决定了早期教育的关键性。

要阐明其中的原因，必须从儿童的潜能说起。什么是潜能？

比如，有一棵橡树，假如它能够充分地生长，可以长到30米高的话，那么这棵橡树就具有长到30米高的潜能。同样，一个孩子，假如他的天资能得到充分地发挥，最终可以具有100分的能力，那么这100分就是这个孩子的潜能。

但是，儿童的潜能遵循着一种规律，那就是递减规律。比如，生下来具有100分潜能的孩子，如果一出生就受到恰当的教育，将来就可以具有100分的能力；如果从5岁开始教育，即使是非常理想的教育，将来也只能具有80分的能力；如果从10岁开始教育，就只能具有60分的能力了。这就是说，教育得越晚，儿童与生俱来的潜能就发挥得越少。这就是儿童潜能递减规律或天赋递减规律。

产生儿童能力递减现象的原因是什么呢？原来，动物的各种

能力有着不同的发展期，而且各个发展期是基本不变的。当然，某一些能力的发展期可能很长，而另一些能力的发展期则很短。如果一切能力不在发展期内得到发展，就永远不会再有发展。比如，小鸡“追随母鸡的能力”的发展期是孵出后4天左右，如果不在这段时间内发展这种能力，它就永远不会具有这种能力了。所以，假如在小鸡孵出后4天左右这段时间里，把它和母鸡隔离开，它将永远不再追随母鸡。再比如说，雏鸡“辨别母鸡声音的能力”的发展期是在孵出后8天左右，假如在这段时间里不让它听到母鸡的叫声，它就会永远丧失这种能力。同样，人类的能力也有固定的发展期。

在一个渔村里，一位老渔夫慨叹道：如今没有像过去那样善于游泳、摇橹、撒网的人了，因为孩子们在十一二岁期间都在学校上学，而水上功夫必须从十岁之前练起。

有这样一个真实的故事：

1914年，美国一个年仅15岁的少年从哈佛大学毕业了。他的名字叫威廉·詹姆士·塞德尔兹，是著名心理学家鲍里斯·塞德尔兹的儿子。

威廉·詹姆士·塞德尔兹的学历非常奇特：他不到两岁就开始接受教育，3岁时已经能用母语流利地读写了。他5岁时看到家里的骨骼标本，又对人体产生了兴趣，从而开始学习生理学，不久竟然达到了执业医师水平。他6岁那年春天，和别的孩子一样开始上小学。入学那天上午，他被编在一年级，可是到了中午，他母亲去学校接他时，他已经是三年级的学生了。就在这一年，他学完了小学的全部课程。第二年，7岁的他打算上中学，因为年龄不够，学校不收，他只好在家自学，主要是学高等数学，语言学他早就学过了。

一年以后，他满了8岁，终于被中学录取。他的各科成绩都很优秀，数学更是出类拔萃，所以没多久，学校就同意他不再上数学课，并让他协助老师批改其他同学的数学作业。不仅如此，他还在中学期间编写了天文学、英语语法和拉丁语语法的教科书。不久，由于中学课程已无需再学，他就退学了。

这位小神童很快就出名了，很多人专门从各地赶来考他，结果他的表现比传说中的更令人惊讶。比如，麻省理工学院的一位教授，用自己在德国读博士时感到头疼的难题来考他，没想到他很快就回答出来。这一年，他才9岁。

在随后的两年里，他还是在家自学。11岁时，他考进了哈佛大学。入学后不久，他就能讲解四维空间这样的数学难题了，这使教授们大为惊讶。他父亲塞德尔兹博士曾在《天才与俗物》一书中，写到他12岁时的情况：

他今年才12岁，却擅长连不少学者都感到头痛的高等数学和天文学，还能用希腊语背诵《伊利亚特》和《奥德赛》等名著。他精通古希腊文，在读埃斯库罗斯、索福克勒斯、欧里庇得斯、阿里斯托芬等人的作品时，就像其他孩子读《鲁宾逊漂流记》那样轻松自如。他还精通比较语言学和神学，同时还熟读了逻辑学、古代史、美国史等书籍，并熟悉美国的政治和宪法。

1914年，塞德尔兹以优异的成绩从哈佛大学毕业了，随即在该校研究生院攻读博士学位。

小塞德尔兹的故事不亚于一部传奇电影，其实，这要归功于他的父亲鲍里斯·塞德尔兹——美国心理学教育之父詹姆斯博士的高徒。赛德尔兹深知早期教育的重要性，他的儿子正是在这种教育观念的培养下成为一名享誉天下的少年天才。

赛德尔兹看得很透彻：循规蹈矩的儿童，长大成人必然为俗物，因为他们非常听话，总是唯命是从，害怕批评，竭力使自己的举止不违礼俗、不犯过错；他们接受别人教给的东西，而且对这样的东西从不表示怀疑，而后又把嫉妒、恐惧和挫折全都传给了自己的孩子。赛德尔兹博士邻居的孩子哈塞正是这样一个“俗物”的写照。赛德尔兹痛陈道，大人们总是想当然地认为，应该教会孩子处处为大人着想，因此，要培养服从、礼貌和恭顺。于是可怜的小哈塞生来就如“套中人”，出生时便被衣服裹住手脚，在成长的过程中，也不断被“繁文缛节”和“耳提面命”束缚，成长得极其沉重。家境优越，成绩优异，然而理想被剥夺，情绪被压抑，“一生只能低头哈腰，使这个世界变得更糟”。

而天才小朋友呢，在父母的自由教育革命下，奔跑，玩耍，弄脏衣服，发现新事物，拆弄破坏，七嘴八舌，好奇心重。赛德尔兹任着儿子拆弄家里的钟表仪器，悉心解答他貌似不合规矩的“荒唐”问题。这位好父亲似乎具有一万分的耐心和温柔，表面上是循规蹈矩的绅士，内心却在矢志不渝地培育着“自由而有用的灵魂”。赛德尔兹认为教育的关键是在于防止习惯的固定化，素质则是第一性的，因为自由必然突破窠臼，创造需要摧枯拉朽，想象需要天马行空。

在当时那个时代，赛德尔兹的理论无疑具有超前的科学性。这也得到了后来心理学家的证实。

德国著名的心理学家海查曾做过如下的实验：他对2～5岁时有强烈反抗倾向的100名儿童与没有这种倾向的100名儿童追踪观察到青年期。结果发现前者有84%的人意志坚强，有主见，有独立分析、判断事物和做出决定的能力。而后者仅有26%的人意志坚强，其余的人遇事不能做决定，不能独立承担责任。这一研究说明，反抗行为强的孩子，长大容易有坚强的独立意志。

无独有偶，美国明尼苏达大学教育心理学主任托伦斯也有类似的发现。他研究指出，创造力高的儿童多数具有三个让人“讨厌”的特点：

顽皮、淘气、荒唐和放荡不羁；

所作所为时逾常规；

处事不固执，较幽默，但难免带有嬉戏态度。

这些研究发现也得到了日常经验的证实。经验证明，“淘气”的孩子往往比“老实”的孩子更果断，更有创造力。诚如一些教育专家所言，听话的是好孩子，不听话的也是好孩子，因为不听话的孩子有自己的个性，有自己的思想，他们决不人云亦云，如果学校、家长、老师乃至整个社会稍加引导，因材施教，这些“犟子”一定是素质健全、有思想、有个性、有主见的好孩子。

著名作家冰心说，“淘气的男孩是好的，淘气的女孩是巧的”。这的确值得我们深思。

教育新知

潜能开发的几个阶段

1. 胎儿期（起跑线阶段）

所谓“不输在起跑线上”的早教，更准确一点是指胎教。即妇女在怀孕期间通过母体给予胎儿适当的良性刺激，从而激发胎儿脑潜能的发挥及刺激神经系统功能尽早成熟。

胎儿期的潜能开发就是尽早科学地对胎儿进行胎教，包括运动胎教、音乐胎教、语言胎教等几十种胎教方式，让宝宝在人生的起跑线上不输于他人。

2. 出生到6岁（发育、关键阶段）

从新生儿到六岁，大脑迅速发育，老师、家长应抓住这个有利时期，挖掘其潜能，使之早慧，同时养成良好的习惯和性格。可以从以下几个方面有针对性地因材施教：

（1）物质基础，就是要把大脑发育好，保护好，使孩子大脑保持健康。这就要求我们给予科学合理的营养，充分的氧气供应，以及充足的睡眠时间。

（2）感觉学习，给孩子丰富适宜的感觉信息，使其前庭平衡觉、视觉、听觉、触觉等方面受到丰富的信息刺激，促进大脑各项领域神经网络的形成。

（3）通过运动促进大脑发育，运动包括小肌肉到大肌肉。早期的运动实际上是各种游戏活动，即让孩子在游戏中学习。小肌肉运动，即精细运动，主要锻炼孩子专注力、手眼协调等能力，使神经系统更好地发展；大肌肉运动，即大运动，锻炼其前庭、脑干、小脑等中枢系统的发展，为以后学习能力打下基础。

（4）丰富孩子的语言环境。

（5）以上这四个方面要始终贯穿着好的情绪、情感，这是精神保障。

新生儿到6岁，这个阶段的教育灵活，伸缩性大，但更要慎重，要科学地实施教育，既要循序渐进，又不能揠苗助长，既要让其全面发展，又要尊重个体差异。

3. 7~12岁（能力凸显及矫治阶段）

孩子进入此时期，前期教育的成果与不足都已经开始表现，各项学习能力也都开始表现，此阶段老师与家长的任务就是强化其强项，矫治其弱项。此时，感觉统合、学习能力的提高就显得尤为重要，学校老师主要通过PT（运动疗法）、OT（作业疗法）、ST（语言疗法）三种方式开展各种教育活动，给脑神经充分的信息刺激，增加神经细胞中突触的数量，使其之间的神经网络更加密集，从而提高各个脑中枢之间连接的灵活性，促进前庭、脑干、小脑等低级脑中枢和大脑皮层的联系，从而提高其注意力、思维能力、记忆力等学习能力。

第三节
听听孩子的心声

任何事物都需要辩证对待，包括大人眼中的“好生”和“差生”。

曾几何时，一份《中国教育问题报告》呈现在人们面前，里面的一份数据让人如鲠在喉：

截至2000年，在中国现有的3亿学生当中，被全国各类学校划入“差生”行列的学生达到5000万人。这个数字相当于1个法国、10个瑞士、100个卢森堡的总人口。

显然，传统的教育理念认为，教育就是为了形成良好的习惯。没有良好习惯的学生很自然地被划入了“差生”行列。这种理念现在引起了越来越多的争议：当我们以成人的眼光看待孩子的时候，有没有想过孩子内心的烦恼呢？

中科院心理研究所张建新博士曾带领一批研究生，做了一个关于中学生心理调查的课题。该课题覆盖了北京、山东、广东、四川、河南、甘肃六个省（直辖市）。其调查结果令人担忧：

在接受调查的初一至高三的3000多名学生中，躯体问题分数高于正常值的样本比例约为19%；心理焦虑分数高于正常值的样本比例约为27%；人际关系敏感分数高于正常值的样本比例约为31%；强迫、冲动行为分数高于正常值的样本比例为45%。可以看出，行为问题高出约45%，比人际关系、躯体和情绪问题的31%、19%和27%更为严重。

张建新博士不无忧虑地说，当行为问题（又称强迫冲动）严重时就会爆发不安全行为，会对社会造成伤害。当高达45%的未成年中学生都隐藏有不安定因素时，那已经不是家长和孩子的问题了，而是一个十分严重的社会问题。

想起海明威的那声叹息：他们都是迷茫的一代。所以，我们有必要好好倾听孩子的心声。

时下，常常听到家长的慨叹：真是不愿意孩子长大。以前，孩子有什么话都跟自己讲，让他们干什么就干什么，多贴心啊。但是，长大了一点，这些孩子就像是变了个人似的，有话也不跟自己说了，小小年纪还挺深沉。更气人的是什么都跟大人对着干，有道理的话也不听，非要按他们自己的意愿行事，搞得神秘兮兮的，都不知道他们在想些什么？

现实生活中，一些孩子的表现的确让人烦心：或是与父母渐渐疏远，或是固执偏激，或是怪里怪气，至于顶嘴、厌学、自作主张、标新立异、玩恶作剧之类的，更是屡见不鲜。

不少老师和家长发出感叹：现在的孩子真是浑身是刺，叫人爱不得又恨不得。很多老师和家长感到困惑：孩子们怎么了？他们究竟在想些什么？

其实，这是一个既幸福又惆怅的问题：孩子长大了，再也不是原来那个无忧无虑的傻小子或傻丫头了。如果老师和家长还停留在原先的想法而不与时俱进，岂不一叶障目？

孩子们在想些什么呢？不妨先听听他们的内心自白吧——

一位女中学生在“谈心电话”中说：“我现在已经是初中生了，再也不是以前那个没有主见、天真幼稚的小姑娘了。我喜欢自己的事自己做主，像一个真正的大人一样。可是妈妈还是像过去一样，整天管头管脚，唠唠叨叨，还是把我当成小孩子。我真是烦死了，所以急起来我就顶撞她：我就是不知好歹，我就是这样莫名其妙！”

孩子明明已经长大了，而父母却仍然把她当小孩子看待，这就难免在两代人之间发生冲突和对抗。

另一位中学生在日记中写道：“我希望别人理解我，却又怕别人了解我。我老是陷在这种企盼与担心的怪圈中，都快憋死了！我想喊，想跳，想把心扒出来，但终于我只能把一腔激情化作一场痛苦。”

处于从儿童向青年的过渡阶段，这个时期的孩子情感起伏大并难于驾驭。他们有了喜怒哀乐，不但不愿向父母吐露，还会埋怨父母不理解。如果父母处置不当，对孩子的表现刨根问底，或是漠不关心，就会增强他们的反抗情绪。

另有一位少女的日记，更值得深思——

今天是星期天，家中又该大扫除了。

我本想自己收拾自己的房间，不想让妈妈插手。可她偏偏要干，而且自始至终热情地协助我。

我知道，妈妈“协助”的真正目的是想对我的小屋进行一次突击式大搜查，想借此发现点什么秘密。

她的搜查显然失败了，因为我早有准备：平日里他们就严禁我阅读跟“爱”呀、“情”呀有关的书籍，所以我从不把这些书带回家。我的书柜里除了英语、数学一类的学习用书之外，别的什么都没有。但这并不证明我就没有看啊，只不过不让他们知道罢了。想想父母也很可怜，真不忍心骗他们。可是如果按他们说的去做，我肯定受不了，同学们也一定会笑我是个大傻帽！

真希望父母哪一天能开明起来！

从上面列举的事例和简要说明中，我们不难看出，孩子长大以后，由于生理、心理方面都发生了急剧变化，所以会出现许多看似不合情理的言行。

《中国青年报》曾刊文《一位中学生对父母们的回答》，摘录如下：

我们真正需要的朋友，是能够互相体贴、关爱、帮助，而且要能走进对方的心底，诉说心中的喜怒哀乐。友情需要真心、真情、真爱，而动不动就摆架子、下命令的朋友，女儿宁可不要。

我的朋友累时我会为他（她）倒茶，但为什么我们之间总有一堵看不见的墙，将我们的心灵隔离无法沟通。

自尊隐私人人平等。您如不满意，请设法与女儿换位。做不到么？请安静些。

“而你要参考我的‘模式’”，不知是命令还是建议，是对“下士”说的还是对朋友说的。我只知道我的朋友从未对我说过这句话。如果您永远把女儿当“下士”而不是朋友，那女儿只会知而不言，言而不尽。

我们不想让菊花在夏天开放，也不想让白杨上长出松果，希望您也一样。

先有父母拿我们当出气筒，才有我们拿父母当出气筒。

如果说一次我就能做到请不必再说；如果说一百零一次仍不见效，那么说一万零一次也不会有成效，请更不要再说。

请放心，女儿一定会照顾好自己，但请别对女儿寄予过高的希望，失误总是难免的。

最后致所有父母：如果我们能成为朋友，我祝福您；如果我们不能成为朋友，我仍然爱您，我会一千次地祝福您。

中国心理卫生学交流会上就指出："青少年阶段，特别是青春期的迅猛发育阶段是人生的多事之秋，也是心理卫生工作的重点之一。"为了帮助他们顺利地度过这"人生的多事之秋"，老师和家长都应该好好地了解小大人的心理秘密。

警钟长鸣

"爸爸，你什么时候把我的手还给我？"

在美国加州，有一个4岁的小女孩，一天下午，她在家门口的院子里无忧无虑地玩耍。这时，父亲回来了。

父亲有一台大卡车——他非常喜欢那台卡车，总是给它做全套保养！

这天下午，父亲开着刚保养好的崭新卡车回到家里，小女孩非常高兴。同女儿玩了一会，父亲就进屋干活了。

小女孩见到父亲的卡车很漂亮，就忍不住想要放肆了。于是，她拿起挖沙子的小铁钩在卡车上画起了“地图”！

这时，父亲从屋里出来了，突然见到崭新的卡车被女儿划下了那么多的刮痕，不禁盛怒。怒气冲冲的父亲一言不发地用铁丝把女儿的手绑起来，然后吊着她的手，让她在车库罚站！

当父亲想起女儿在车库罚站这件事时，已经过了4个小时！

他来到车库，当看到女儿的手已经被铁丝绑得青紫色时，吓坏了，急忙将她送到医院急诊室，但医生告诉他：已经晚了，要截去小女孩的手掌，因为手掌组织已部分坏死，不截的话会非常危险，甚至可能危害到她的生命。

就这样，小女孩失去了一双手掌！但是她不懂到底发生了什么事情，而她的父亲则感到非常痛心，懊悔不已！

约半年后，父亲的卡车重新烤漆，又像全新的一样！

他把卡车开回家，小女孩看着崭新的卡车，对父亲说：“爸爸，你的卡车好漂亮！看起来就像是新卡车。”这时，小女孩天真无邪地伸出了她那截断的双手，对父亲说：“但是你什么时候把我的手还给我？”

父亲没有回答女儿的问题，也无法回答这个问题。他默默地走进屋，从抽屉里掏出手枪，朝自己的脑门开了一枪。

惨痛的故事让我们的内心无法平静。为什么不能给孩子多一些关爱，多一些耐心，多一些宽容？

第四节
小大人的心理秘密

著名儿童心理学家皮亚杰有一句经典名言：孩子是从来没有错的。这句话值得我们深思：如果我们不能有效掌握小大人的心理秘密，难免会对他们产生误解或无意伤害。

小大人的第一个心理秘密是自我意识高涨。

这个时期的孩子，随着身体的快速发展和性的逐渐成熟，他们感到自己不再是小孩，可以摆脱对成人的依赖，参加一定的社会活动；他们意识到自己社会地位的变化，开始步入“成人世界”。于是在少男少女的自我意识当中就有了一种“成人感”。

心理学研究表明，小大人往往已进入“形式运用期”的思维阶段。“形式运用期”的特点是以抽象的观念去把握与了解问题，并能做出逻辑性的思考。大人这时可能总感到孩子们变得爱抬杠了，不再像小时候那样大人说什么是什么。这正是由于他们了解了许多小时候不知道的事情的本质，有了与大人交流的知识基础和本领。另外，孩子独立思考的能力也越来越强，对什么事都要自己分析一下，不再盲从于大人的意见，所以爱抬杠的小大人比比皆是。

了解了这一点，看到孩子的变化大人该感到高兴才对，并尊重他们的这种自我意识。否则，只能引起孩子的抵触和反抗。

小大人的第二个心理秘密是情感日益丰富。

这一时期，孩子的情感状态动荡不安，容易激动，哭笑无常，故称为“狂风怒涛”时期。他们由于年龄较小，知识贫乏，经验不足，自控能力较差，因而常常会干出傻事、蠢事、莫名其妙的事，甚至是危险的事。

情感动荡之下，中学生其实非常渴望交流。青春期的孩子需要与同龄人，特别是与异性、与父母平等交往，他们渴望他人像自己一样敞开心灵来相待。但由于每个人的性格、想法不一，使他们的这种渴求找不到释放的对象，只好诉说在日记里。这些日记写下的心里话，又由于自尊心而不愿被他人知道，于是就形成了既想让他人了解又害怕被他人了解的矛盾心理。所以，很多孩子会产生一种难以言道的孤独。

另外，进入青春期的孩子，对性有着强烈的好奇心，产生了许多关于性的疑惑，对性充满了神秘和不安，对性的有关信息极为敏感，并以极大的兴趣想知道异性的一切情况。为此，他们通过各种渠道来获取对性的了解。面对孩子内心世界的剧变，大人们往往感到惊慌不安，千方百计阻止孩子接触这方面的信息。在一些大人的眼里，在情感方面孩子似乎越傻越好，其实这是一种十分有害的心理。青春期是从儿童向成人发展的以性成熟为主的身体发育时期，出于人的本性，必然对两性情爱产生一种朦胧的向往。因为现代社会是信息社会，是高度开放的社会，孩子不可能生活在真空里，有关这方面的种种信息，会不断通过大众传媒，随时冲击他们，感染他们。一旦孩子进入青春期后，在情感上还是一窍不通，那才是不正常呢！因此可以说，进入青春期的孩子渴望了解性知识、渴望与异性交往的心理是正常的、合理的，家长应给予足够重视，并作出热情而有益的指导和帮助。如果处理不当，就可能给孩子造成心理伤害。

一位高中女学生写信“求救”——

我今年16岁，初涉人生，对一些事情还看不透、想不通。我想问，为什么现在的男孩对女孩表现出不同以前的态度。我的一个表哥就是这样，我们小时候无拘无束地在一起玩，还有一个比我大一岁的堂姐，大家说说笑笑可高兴了。可是现在长大了，反而不同了。大家都说我身材好，人漂亮，又善良……于是表哥看我像粉丝看到明星一样，还天天买东西送给我。我问他为什么不买给姐姐，他说“她不配”！我真不明白，为什么堂姐就不配享受这些物质呢？我感到很困惑。还有，为什么会有人对我们女孩这么感兴趣？那是一个月前的一天晚上，天上没有月亮，只有寥寥可数的几颗星星（这不是有意描写的阴森景象，而是真的）。我和班上的一个女同学结伴去上厕所，这时，我看到墙上好像有个东西一动，我一阵紧张，想到了魔鬼，心里着实害怕，但忍不住又看了一眼，黑咕隆咚之中那分明是一张男同学的脸，吓得我大叫一声。然后，我的心整日都在咚咚跳，久久不能平静下来。不知为什么，现在我见到男同学都害怕，似乎他们的眼睛无时无刻不在对我偷看，躲又躲不掉。为此，我的学习热情完全被打消了，甚至想休学、退学，可是又很矛盾，因为我每天情不自禁地还是会想着学校，想着那些每天看着我的男同学，在害怕之余，又有一种说不出的滋味。

想一想，这个女孩是不是有心理障碍呢？她的心理障碍究竟是谁的错呢？

小大人的第三个心理秘密是心理不成熟。

在自我意识高涨之下，孩子往往喜欢内省，经常沉溺在关于“我”的思考和感受中，导致孩子个性上的主观偏执性：认为自己正确，听不进别人的意见，感到别人用苛刻挑剔的态度对待他们；对别人的态度过于敏感，反应过于强烈，认为行动障碍来自成人，便产生了反抗心理。反抗心理之下，孩子容易表现得“一根筋”：有道理的话也不听，让很多老师和家长伤透了脑筋。

而且，情感高涨之下，孩子有自己的理想，憧憬美好的未来。他们对未来抱着希望与幻想。这可使他们进取心强，积极向上，奋发有为，充满青春活力。同时也可使他们急于求成，脱离实际；甚至在遇到困难与挫折时，产生徘徊、苦闷与失望。

比如，孩子都希望自己学习成绩优秀，不辜负老师、家长、亲朋好友的期望。但在学习过程中，他们又感到学习负担过重，学习太苦太累而难以持之以恒，厌学心理陡增，形成了想学与厌

学的心理矛盾。

情感高涨伴随的性心理萌动也是一个不容忽视的问题。诗人歌德曾说，哪个少男不钟情，哪个少女不怀春。但是，由于封建意识的影响和长期存在的性愚昧，有些人把探求性知识的兴趣看成是羞耻的，甚至是罪恶的心理。受此影响，一些孩子在学习科学的性知识时，产生了一种负罪感，并在这一心理的支持下，把本来是科学的性知识看作是一种下流的东西，把应该公开地、坦荡地向老师求教的过程，变为私下秘密的“自我探索”过程。由于孩子识别能力低，有时会瑕瑜不分，甚至汲取了有害的糟粕，对不理解的东西往往不像儿童那样去询问别人，而是按自己的想法去理解，自圆其说，因此可能会造成一误再误。

此外，吸收新事物快与鉴别能力弱的矛盾也是心理不成熟的一个重要表现。

随着时代的进步、“地球村”信息爆炸，孩子们见潮流就赶、见时尚就追，但由于他们的世界观、人生观尚未完全形成，对真善美、假恶丑的鉴别力还不强，加之客观现实的错综复杂，导致他们对事物的认识往往显得偏狭，容易为表面现象所迷惑，出现认识的混乱。在这种情况下，盲从和无知往往导致他们错把糟粕当精华，错把垃圾当宝贝，从而影响他们的健康成长。比如，男生玩“酷”，女生玩“靓”。“烟君子”、“小酒民”，着时装、讲化妆，如此种种。这些孩子中有相当多的人轻视劳动，认为享受天经地义。这是一种非常不好的现象。

无可否认的事实是，社会大染缸让一些孩子成为畸形早熟的“花朵”！

2002年，在约翰内斯堡可持续发展首脑会议上，来自中国、加拿大、厄瓜多尔和南非的4个孩子，用他们稚嫩的声音呼吁出席会议的104位国家元首和政府首脑：为了孩子，也为了未来，应该立即采取实际行动保护地球。孩子们说他们感到很失望，因为太多的人过于关心金钱和财富，而顾不上关心影响孩子们未来的严重问题。他们说：“我们不能购买一个地球，我们为什么不惩罚那些破坏环境的人和国家？”

是的！孩子们其实很失望，因为太多的人忽视了影响孩子们未来的严重问题，包括教育环境和心理发展中存在的一些严重问题。作为为人师者或为人父母者的我们，的确应该正视这个问题并承担起应有的责任。

○教育一线

教育孩子应粗养细教

养育一个孩子需要多少费用？这是一个非常现实的问题。

美国政府公布的一项估算称，美国一个中等收入家庭，养育一个孩子，从出生到18岁，总共约需16万美元，这还没有算孩子读大学的费用。日本《朝日新闻》报道，日本家庭将孩子养到21岁平均花费高达1300万日元。那么，在中国养育一个孩子需要多少费用呢？《新民晚报》曾用《养育费年年爬坡》为题给出了答案：如果算到大学毕业，毛估算至少50万元。

真是一笔不菲的费用！不过，对于“望子成龙，望女成凤”的中国父母来说，纵然费用再高，就算砸锅卖铁也要尽到养育的责任，所谓“再苦不能苦孩子”。中国的父母如此尽心尽力，孩子理当“感恩戴德”了！但是，事实却让人大跌眼镜。

据《北京晨报》报道，北京某区对3000多名中学生心理状况的抽样调查显示，子女对父母的态度让人吃惊：6.62%的孩子惧怕父母，13.13%的孩子反感父母，56.28%的孩子极度反感或痛恨父母，19.22%的孩子对父母反应平淡，只有4.75%的孩子喜欢自己的父母。

近七成孩子反感父母！只有4.75%的孩子喜欢自己的父母！问题到底出在哪里呢？

回顾一下国外的一些教育理念，我们或许可以找到答案。

美国教育界有一种共识，那就是教育的重要职能在于引导孩子怎样进行选择，“交给他们开门的钥匙比带他们进入房间更为合适”。日本人让摔倒的孩子自己爬起来，其实是在培养孩子面临逆境时的独立性和进取精神。德国人用法律来要求孩子做家务，目的是培养孩子的自立精神。

所谓“他山之石，可以攻玉”。中国的父母应该多向国外的一些父母学习，尤其是在教育孩子的问题上，应该牢固树立“粗养细教”的理念。

首先应在养育上放手，不可大包大揽，也不要怕孩子犯错，一方面是为了培养孩子的自立精神和基本生活能力，从而达到全面发展；另一方面是让孩子在轻松愉悦的氛围中挖掘自己的潜能，找准自己的发展方向，并在尝试甚至受挫中激发他们的斗志。一个小小的成就体验，可唤起孩子的激情，激起他们内心深处的美好愿望，并在实现愿望的过程中战胜困难，表现自我，充分展示自己的能力，这种激情必定能够带动孩子全面发展。如果什么事情都替孩子打点好，那么，孩子只会成为学习的傀儡和生活的白痴。

其次，应在教育上精心细致。父母的教育任务主要有二：一是引导，为孩子指引一个正确的方向；二是寓教于乐，抓住日常生活中的小事件来及时教育。然而现实中，父母在教育孩子的态度上往往不是指引而是强迫，不是寓教于乐而是“教乐分离”。很多父母在引导孩子时缺乏足够的耐心，不是通过尝试和观察来确立孩子的发展方向，而是强迫性地为孩子制定这样那样的学习任务，这就显得不够精心；也有一些父母不注重日常生活中的及时教育，而是等到问题严重了才来板着脸孔说教或者是大骂式的粗暴教育，这就显得不够细致。

总之，粗养细教的精髓是父母不能当孩子的“拐杖”而应该当孩子成长的“向导”。

Chapter 08

第八章

从琴瑟和鸣看夫妻相处行为技巧

第一节
琴瑟和鸣今安在

宋代女词人李清照的爱情故事历来是文人墨客最为津津乐道的事情：

18岁那年，李清照嫁给了太学生赵明诚。赵明诚是位翩翩公子，读书极博，酷好书画，尤其擅长金石鉴赏。他的父亲官至宰相，也是官宦世家、书香门第。两人门当户对，意趣相投，时常一块研究金石书画，有着说不尽的喜悦。

“卖花担上，买得一枝春欲放。泪染轻匀，犹带彤霞晓露痕。怕郎猜道，奴面不如花面好。云鬟斜簪，徒要教郎比并看。”这妩媚娇憨的姿态是婚后的幸福，也透出李清照内心的甜蜜。

结婚时，赵明诚21岁，在太学读书，尚无俸禄。夫妇俩节衣缩食，经常典当质衣，到大相国寺搜罗金石书画。当时，大相国寺是京城最为繁华和热闹之地，寺内可容万人贸易，有专门出售书籍、字画和古玩的地方。一旦发现难得的古物却囊中羞涩，赵明诚会毫不犹豫地脱下衣服作抵押。回到家中，夫妻俩灯前对坐，说说笑笑，摩挲观赏，充满浪漫与温馨。

闲暇之时，他们赏花赋诗，倾心而谈，有时还会玩些智力游戏。他们斟上香茶，随意说出某个典故，猜它出自哪本书的第几卷、第几页、第几行。猜中者饮茶，不中者不得饮。每次比赛，李清照总是赢。当赵明诚抽书查证时，李清照已满怀自信地举杯在手，开怀大笑。

有鉴于李清照的甜蜜爱情，人们很容易联想到“琴瑟和鸣”这个成语。琴瑟和鸣常常用来比喻夫妻情深和美，亦作“琴瑟静好”、“琴瑟之好”、“琴瑟之欢”、“琴瑟之乐”、“琴瑟和同”、“琴瑟和调”等。

其实，用来形容甜美爱情的成语不只是“琴瑟和鸣”，还有“举案齐眉”。举案齐眉出自《后汉书·梁鸿传》：“为人赁舂，每归，妻为具食，不敢于鸿前仰视，举案齐眉。”这段话其实描述了汉时梁鸿和妻子孟光的故事：

每当丈夫梁鸿回家时，妻子孟光就托着放有饭菜的盘子，恭恭敬敬地送到丈夫面前。为了表示对丈夫的尊敬，妻子不敢仰视丈夫的脸，总是把盘子托得跟眉毛齐平，丈夫也总是彬彬有礼地用双手接过盘子。

今天，“举案齐眉”常常用来形容夫妻相互尊敬，相互有礼貌，相互平等，是赞美婚姻美满的专用词。

“琴瑟和鸣”也好，“举案齐眉”也好，其实都反映了人们对甜蜜爱情与美满婚姻的渴望。只是当时代的年轮进入今天，很多人在发出一声声的慨叹：琴瑟和鸣今安在？

民政部中国社会工作协会婚介行业委员会与百合网采用互联网在线问卷方式调查中国人婚恋状况，最终收回有效问卷50384份。调查对象覆盖全国31个省、自治区、直辖市，包括大中型城市及部分农村人口，并联合发布《2011中国人婚恋状况调查报告》，大致内容如下：

在本次调查收集的50384份有效问卷中，有92%的女性选择对方“有稳定收入”为结婚的必要条件，而近七成女性选择“男性要有房才能结婚”。

累计近80%的受访单身女性认为男性月收入4000元以上才配谈恋爱，相比2010年的调查结果提高了10多个百分点。其中，有27.1%的人认为，男性月收入10000元以上才适合谈恋爱。

2011年的“闪婚”、“闪离”现象愈发普遍：近50%的受访单身人士身边存在“闪婚”现象，有32.8%的受访者身边有“闪离”的人。

当前“剩男剩女”普遍存在恐婚现象：44.8%的受访者因为当前离婚率太高而恐婚，41.7%的人害怕失去自由，37.5%的人害怕承担家庭责任，而30.6%的人担心婚后没房。“高离婚率”、“害怕被束缚”、“逃避家庭责任”、“没房”成为人们恐婚的四大理由。

在此次调查报告中，特别针对“家暴”问题做了详细调查。结果显示，46%的女性遭受过家庭暴力，其中超过一半的女性由于忍受不了家庭暴力而选择了主动离婚。

但本次调查也显示，在裸婚人士中近七成受访者认为“过得很幸福”。

不得不说，这份调查报告里的一些数据让人如鲠在喉，本应该纯洁甜美的婚姻掺杂太多不和谐因素。早有专家指出：爱情限购令、被独立、闪婚、闪离等婚恋热词的出现，其背后反映出当今社会的浮躁与不安。

另据人民网报道：

2011年第一季度，我国共有46.5万对夫妻办理了离婚登记，较去年（2010年）同期增长17.1%。平均每天有5000多个家庭解体。中国离婚率已连续7年递增。

今天，“中国式离婚”成为一个令世人关注的现象。国外媒体甚至创造新词“我一代”，分析这个曾号称世界婚姻最稳定的国家离婚率走高的原因。

我们不禁要反问一句：中国人的婚姻怎么了？在社会转型的今天，我们该如何经营维护健康、文明、幸福、安全的婚姻家庭？夫妻之间到底应该如何相处？

名人轶事

五大名人教你处理夫妻关系

对付野蛮妻子学苏格拉底

苏格拉底学识渊博，但是他的妻子瓈蒂柏却凶悍无比，对待丈夫不是打就是骂，再不就是一盆污水泼你个“落汤鸡”。每当暴风雨来临，苏格拉底总是满脸笑容，毫不生气，一句“我早知道，雷声过后会有阵雨”的幽默自嘲，就让战争平息了。

对付才情妻子学梁思成

林徽因，一代风华的绝世佳人，才华横溢倾倒众生；让徐志摩、梁思成、金岳霖三大才子痴迷钟爱一生。就是这个走在人间四月天的女子，让众男子“渴望仰慕爱”，让众女子“羡慕嫉妒恨”。梁思成是怎样捕获她的芳心的呢？用他自己的话来总结就是：努力学习、努力思考，再加上一份没有自私的博爱。

对付能干妻子学丹尼斯

“铁娘子”撒切尔夫人风云政坛几十年，被美国《时代周刊》评为“世界上最有魄力的女人”。如此能干的妻子，如何“伺候”得起？撒切尔的丈夫丹尼斯爵士能告诉你答案。对于撒切尔的政治追求，丹尼尔始终全心全意地赞成和支持。他是这样简单地评价自己：我是世界上最低调的丈夫。

对付平庸妻子学张学友

歌神张学友为“四大天王”之一，其妻子罗美薇则是个在家相夫教子的全职太太，极少抛头露面。但是，他俩婚姻很稳定，张学友到底是怎样做的呢？他曾经说过，“无论多恩爱的夫妻也会有意见不合的时候”，“婚姻经营真的不容易”，“我准备用一生的时间，学习如何做一对美满的夫妻，也将这种相处之道告诉女儿，希望她将来也有个美满的婚姻”。

对付病痛妻子学默里

英国诗人默里也许并不为人熟悉，但他的妻子曼殊斐儿，恐怕无人不知无人不晓。她是英国著名女作家，以才貌双绝闻名于世，只可惜，她只活了35年。在曼殊斐儿生命的最后两三年时间里，默里朝夕相伴，完全放弃自己的事业，全心全意扶助妻子创作，自己却承受着极大的悲伤和痛苦！

第二节

爱无力，不是爱无能

诗人汪国真曾经说过：爱情不幸的诗人能写出绝妙的爱情诗，写诗的人是没错的，错的是看诗的人。其实，我们对于婚恋的态度也常常遭遇类似的困惑：每个人在憧憬爱情或步入婚姻殿堂的时候，都满怀美好而纯真的愿望，但是真正步入围城之中，却发现很多事情似乎不像自己想象中那样简单，于是就印证了钱钟书先生的那句名言：城外的人想进去，城里的人想出来。

事实上，人与人之间相处往往会在不知不觉中有所变化，所以人们会很容易回忆起初恋时的美好，其原因是大凡在结婚以前彼此都还有一段距离，说话很注意分寸，彼此的美好其实就在这距离和分寸上。结婚以后，彼此的言辞往往不再讲究，彼此的修养也随着时间的推移而日渐减少，摩擦与碰撞就在所难免了。

比如恋爱期间，女人如大家闺秀，说话温柔体贴："有没有吃饱啊，要不要再吃点啊……"婚后数年，女人往往"河东狮吼"："哎，吃饭了没看见哪，整天拿着个报纸，能当饭吃啊？"可怜的男人无言以对，只能闷闷地不吭声，闷闷地吃着

饭，闷闷地回忆着恋爱那天夜晚的月亮，苦苦思索着阴盛阳衰的真正缘故。

因为语言和态度的过分随意，婚姻成了没有味道的白米饭。有人说：能在对方面前相互抠臭脚丫子的人叫夫妻。这实在是一个巨大的误区。夫妻之间，的确应该多多回味“琴瑟和鸣”及“举案齐眉”的道理。

除了过分随意，兀自猜疑也是婚姻的一大杀手。

一天，一个在外忙了一整天又加班到很晚的妻子回家，原本希望回家后能跟老公撒撒娇，得到老公的安慰和支持。没想到一进门，就看到老公一个人闷坐在沙发上，知道她回来却连头都没抬，兀自看电视。妻子心里就有点儿愧疚，心想他一定是生自己的气了。但转念又想：他凭什么生我的气？平时，多半是他晚回家，我偶尔才晚回那么一两次。再说，我为什么这么拼命工作，还不是因为他挣得少，日子过得比较拮据，趁现在没有孩子多挣点，以后不是轻松些？他气什么？于是，妻子一肚子不高兴。既然老公不理她，她也懒得理会，还故意弄出很大的声音，显示她的不满。老公呢，原本不想理会，后来似乎忍无可忍，“刷”的一下站起身来，大踏步走进书房，“咚”的一声把门甩上。

这样的事例在现实生活中比比皆是——因为一点小事情，夫妻双方习惯以自己的观点猜测对方的想法，结果往往是不欢而散。更有甚者，猜疑导致离婚的现象不在少数。《楚天都市报》曾报道：猜疑是离婚的罪魁祸首，到法院起诉离婚的案例中，七成因猜疑所致。

时下流行一句口号叫做“换位思考”，对于习惯了猜疑的夫妻来说，的确应该多多站在对方的立场考虑问题，而不是仅凭自己的想法臆断！

婚姻专家早就告诉我们，一段婚姻犹如一场马拉松，中间不可避免地会碰到这样或那样的问题，其中婚姻之外的情感诱惑就是一个重要的方面。如何应对婚姻之外的情感诱惑，确实关系到婚姻的长久和美满。

一对青梅竹马的夫妻，结婚几年后，丈夫感情上有些出轨，看上了本单位的一个年轻貌美的小姑娘。妻子察觉后，并没有大动干戈，而是晓之以理、动之以情。丈夫深为感动，也深为愧疚，立即表态将断绝念头，一心一意呵护、爱惜妻子。如果就这样结束，还不啻一个完美的故事。然而，妻子发觉他私下还在与那个小姑娘以短信联系，虽然言语之间不见暧昧之词，但再大度的女人也接受不了这样拖泥带水的“断绝”。从此，美满的婚姻蒙上了一层重重的阴影，最终，他俩的婚姻走到了尽头！

客观而言，人的劣根性决定了喜新厌旧的潜在心理。所以，“七年之痒”的夫妻都有可能在内心“蠢蠢欲动”，关键是在这个时候不能笃信“心动不如行动”，而应该将一些不该有的念头“扼杀在萌芽状态”。所以说，为保持婚姻美满，不要拖泥带水地纠缠于这些婚姻外的情感就非常重要。时代在变迁，同志大翻身，现在的女性早已告别了“三寸金莲”的年代。在“野蛮女友”盛行的今天，如果再拿男尊女卑的思想来禁锢自己，那可真是倒行逆施的事情。

曾在电视上见一访谈节目：

某女哭诉其婚姻不幸，原因竟然是因为她职位见长。一直以来，夫妻感情都非常不错，但是，因为丈夫在工作上干得没有妻子出色，同在一个单位的两人渐渐地在职位上出现了差距。妻子升了科长又当了副处长，丈夫还在原地踏步。但是，丈夫接受不了，嘴上不说，行动上却表现出来极度不满，诸如“约法三章”的招数都出台了，原本亲密无间的夫妻感情从此荡然无存，以至于妻子一声长叹：我宁愿不要工作了，也不愿意我们的婚姻出现红灯。

坦白说，几千年的男尊女卑思想一直流传到20世纪中叶，至今还有“余毒”。其实，“男尊女卑”也好，“女尊男卑”也好，都是对婚姻关系的误解——姑且不谈琴瑟和鸣、举案齐眉，但平等尊重是最起码的要求。

如今，社会上流行一句话：婚前睁大双眼，婚后睁一只眼闭一只眼。其实，这并不太符合逻辑，因为婚前尽管睁大了双眼，往往也看不到全貌；婚后即使闭上一只眼，其实一些问题也是无法回避的。

有一个女人和她的丈夫结婚14年，原来两个人感情非常好，后来因为一些生活细节，她看不惯。这个丈夫有一个习惯，就是吃饭的时候嘬筷子，她觉得这么一个有教养的男人有这种习惯实在不雅观，她就想改变他。开始时丈夫不说话，后来她每逢丈夫嘬筷子就提醒他，甚至“喋喋不休”。最终的结局是，只要她一提到这个问题，丈夫就把筷子一摔走掉了。她努力了14年，也没把丈夫这个习惯改过来，但是婚姻却没有了。离婚的时候，这个女人还在抱怨：你就为了爱我改变一个小小的习惯都不行，你怎么说你爱我？丈夫则说：你说你爱我，为什么这么点的小事你也抓住不放。

所以，改变一个人很不容易。夫妻相处，贵在适应对方而不是改造对方。一言以蔽之，婚姻最需要的是改造自己而不是改造对方。

进一步而言，一个人在经营婚姻的时候，如果老想从婚姻里得到什么的话，一定会很失望，最主要的是对婚姻贡献什么。但是，付出也有一个平衡的问题。

有一位妻子是非常典型的贤妻良母，她对丈夫的好无可挑剔，比如怀孕的时候，她都坚持每天早早地起来给丈夫熨衣服，晚上无论丈夫回来得多晚，她都给他煮夜宵。但是即便如此，这段婚姻也没能长久维持下去。离婚后，委屈的妻子找专家咨询，专家一语道破天机：你做得太好其实并不好，因为丈夫会觉得那是很廉价的东西，你们之间并不对等。

人际关系里有一个原则是投桃报李，夫妻关系也是这样：两个人之间不能一头热，一定是对等的关系，在某种层面来说，婚姻也是一种对等的合作关系。

总之，婚姻中的种种是非无法一一列举。有人这样评价现代人的婚姻：不是爱无能，而是爱无力——都想好好地爱，但就是感觉使不上劲！那么，婚姻真的成了爱情的坟墓了吗？

○开心吧

当母老虎一巴掌打过来

1. 北京男人：横着的老爷们

正品着燕京啤酒、哼着北京小调的男人把杯子一放，瞥她一眼，语气坚定地说："你二啊！敢打我！别以为我是骂档子！"女人的手就停在了半空，再也不敢落下来。

2. 上海男人：纸醉金迷的小男人

还没把钱包里的钞票数清楚，女人已经冲了过来，男人站起来就往外走："侬是棺材板啊。"不等女人的手落下来，他已经出了门，随手招了辆的士，直奔酒吧或歌舞厅扬长而去。

3. 南京男人：秦淮河畔的思想者

把手里的烟头撣一撣，一句话也不说，似乎都没有觉察到女人的巴掌挥过来。女人的劲头过了，他还坐在那一动不动，偶尔深吸一口烟，深邃的眼神直直盯着缭绕的烟雾，像在追忆一个可怕的梦魇。

4. 西安男人：古城大漠的关西好汉

他紧紧地盯着女人的手，一动不动地等着女人的巴掌挥过来，拿起酒瓶咕哝咕哝喝下两大口酒，然后大吼一声："一案子起！"女人张大了口，再不敢发飙，看着男人又拿起酒瓶往嘴里灌酒，然后默不作声地离开。

5. 武汉男人：水与火的缠绵

女人的巴掌还没到眼前，男人已经冲了过去："吓老子，敢跟老子翻？"走过去就是一巴掌，打得女人一个踉跄。女人还要发作，男人过去又是一巴掌："个板蛮养的，还不服气？"女人开始哭哭啼啼。缓一会，男人又过去搂着她使劲地哄，直把女人的眼泪哄干。

6. 重庆男人：火炉里的苦行僧

他不言语，也不大吼，女人的巴掌挥过来时，他只是站起来，一声不响地一把将女人推到一边。如果女人还发飙，他依然不言语，走过去就是一巴掌。女人哭哭啼啼，他也不会吭一声，坐在旁边抽闷烟。

7. 广州男人：最南端的拓荒者

长期的打拼生涯让他很不习惯与女人吵架，当女人的巴掌挥过来时，他一声叹息："我真是衰到贴地！我真是衰到贴地！"转过身去，该干什么就干什么。孤掌难鸣，女人也觉得没了劲，悻悻地干自己的活去了。

8. 沈阳男人：为人仗义的关外豪杰

豪爽惯了，就算打架也只是习惯与男人干。所以，当女人的巴掌挥过来时，骨子里"好男不与恶女斗"的思想使得他不会轻易发火，也不会轻易动手，只是苦笑一声，转身离去。

9. 天津男人：京海两派的休闲雅士

天津男人讲情调，连吵架都讲情调。女人的巴掌挥过来时，他依然有滋有味地说："你介寺敢骂。"可惜巴掌不讲情调，所以一旦挨了打，他的情调就不能很好发挥了："你怎么这么拽呢，你怎么这么拽呢。"

10. 成都男人：闪耀西部的君子群体

以司马相如为代表，成都男人普遍都很君子，不管是真君子还是伪君子，都恪守"君子动口不动手"的原则。女人的巴掌挥得多高、打得多重，他依然在谆谆说教："啷个搞的，啷个搞的，你是方脑壳嗖，啷个真的动手哦。"

第三节
超越爱情的樊笼

记得电影《手机》里有句经典台词：在一张床上躺了二十年，确实有点审美疲劳。这句话一定会引起无数人的共鸣。很多人在慨叹：当爱情衍变为婚姻后，难道会出现“爱情疲乏”吗？

最近几年，很多科学家竟然先后发现了“爱情疲乏”的科学实证，其中以意大利帕维亚大学恩左·艾玛纽尔博士的发现最有说服力。

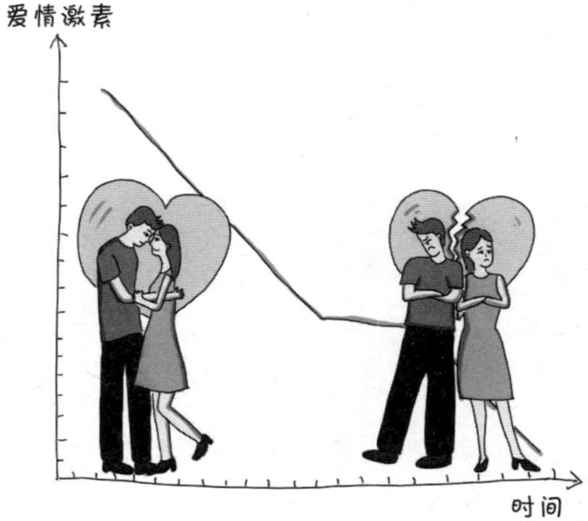

2005年下半年，恩左·艾玛纽尔博士领导的实验小组宣布，他们在人脑中发现了一种制造爱情的化学物质，从而揭开了人类“爱情寿命”的秘密。他们认为，天下根本没有海枯石烂的永恒爱情，而美好的爱情最多只能维持一年！

恩左·艾玛纽尔博士领导的实验小组研究了一组年龄从18岁到31岁的青年男女，他们分为三种类型：第一类是刚刚坠入爱河的初恋者，第二类是保持长期恋爱关系的老情人，而第三类则是孤家寡人的单身人士。

研究发现，在第一类刚刚体验爱情滋味的初恋者中，他们体内有一种名叫“神经生长因子”的蛋白飞速增长，达到了惊人的水平。但在相处1年以上的情侣中，他们体内的“神经生长因子”蛋白浓度却急剧下降到单身人士的水平。

艾玛纽尔博士说：“我们的实验第一次证明，热恋中的情人体内含有高浓度的‘神经生长因子’蛋白，这充分说明这种化学物质在人类的社会关系中发挥着重要作用。”

艾玛纽尔博士接着说：“我们要求那些参与实验者必须真正坠入爱河，达到不能自拔甚至疯狂的地步。当人们开始热恋时，‘神经生长因子’蛋白水平的提高可能与早期阶段浪漫爱情所产生的某种剧烈的情绪有关，如空前的归属感和极度的愉悦感。‘神经生长因子’蛋白水平在恋爱初期阶段的急剧提高，表明这种化学物质可以‘制造’神奇的浪漫爱情。测试表明，刚刚坠入爱河的男女体内‘神经生长因子’蛋白水平极高，达到了227个单位，但与此相比，恋爱1年以上的情侣，他们体内的此类蛋白水平极低，只有123个单位。”

无独有偶，美国康奈尔大学的辛迪·哈赞教授也有类似发现。

辛迪·哈赞教授在著名诊断心理学家多罗瑟·劳的协助下，调查了37种不同文化背景的5000对夫妻，并进行了医学测试。

测试结束后，哈赞说：“有证据证明，爱情是大脑中的一种化学鸡尾酒激发出来的，这些化学物质是多巴胺、苯乙胺和催产素。但时间长了，即使是最容易对异性产生激动情绪的人，也会对这三种化学物质产生抗体，两年左右后，它们便失效了。超过这段时间后，男女双方要么分手，要么心平气和地一起过日子，爱情成为习惯。特别是有孩子以后，即使双方想生更多的孩子，这三种化学物质也不再起作用了。”

这样的研究结果至少表明，“爱情疲劳”的确有其生物学原因！根据这一研究成果，不难得出这样的结论：科学意义上的爱情寿命其实只有1～2年时间。

再来回顾夫妻相处之道，这一研究成果让我们茅塞顿开：追根溯源，夫妻之间相处，不能依靠狭义上的爱情，而应该超越爱情的樊笼——及时将爱情转换为亲情。

掩卷沉思，亲情是不提倡将爱挂在嘴边的——挂在嘴边的往往是口水，而不是感情。亲情意义上的夫妻相处之道更提倡宽容信任、相濡以沫。

常言道：长相知，不相疑。爱人之间，宽容与信任至关重要，我国著名演员达式常与妻子王文皓的爱情故事堪称楷模。

达式常风度潇洒，仪态端庄，曾经在舞台和影视上塑造过许多艺术形象。作为男演员，难免在戏中同许多“姑娘”、“恋人”、“妻子”相处，因此，也免不了招来一些人的风言风语。作为一个“明星人物”，达式常常常收到不少姑娘们表示爱慕或钦佩崇拜的信件……

对此，王文皓从不在乎，她总是说：“我相信他。”

简简单单四个字，饱含了对丈夫的宽容和信任。正是这份宽容和信任，换来的是夫妻间情爱交融的爱情经典，正如达式常的肺腑之言：“我是不会变心的／就是不会变／大理石雕成塑像／铜铸成钟／而我这个人／是用忠诚铸造的／即使是破了，碎了／我片片都是忠诚……”

夫妻间达到如此境界，自然可以至死不渝了。那么，如何追求宽容信任，拥有真正的幸福生活呢？

首先，爱侣之间应该开诚布公、经常交流感情。要知道，感情作为人类一种内在能量的宣泄，在受到遏制的时候，往往会裂变成一种罪恶的能量释放出来。只有经常交流感情，才能让感情有一个正确的宣泄途径而不至于变态发展。

其次，相互之间的信任非常重要。列宁在和克鲁普斯卡娅结婚时，双方曾经订立一个公约：互不盘问，决不隐瞒。“互不盘问”表明夫妻双方的相互信任；“决不隐瞒”表明夫妻双方的相互忠实。如此一来，何愁不能组成一种和谐的夫妻关系？

再次，要建立充分的自信心。任何人都会有其独特的魅力，不可让自卑蒙蔽了自己的眼睛，倘若不然，断难走出猜疑、嫉妒的阴影！泰戈尔说：“我愿我的爱像阳光一样拥抱着你，又给你自由。”罗素说：“嫉妒是美满婚姻的障碍，但嫉妒，虽然它属于一种本能的情感，也是可以克制的，只要我们承认它是恶的，并且不把它当成正当的道德上的愤怒体现。”

其实，爱情无须刻意去把握，就像抓沙子，越是想抓得多，越是想抓得牢，流失的越多。我们一旦明白爱情的本质是亲情这个道理，自然就能心胸开阔，坦诚相待。不是所有的爱情都能演变成亲情，不是所有相爱的人都可以相守一生，能够变成亲情的爱情绝对是一种幸运。

想起尼采的名言：结婚以后，两个人走得太近了，就好像老用手摸一张金子的铜版画，摸到最后，就剩下一张破纸。尼采的话虽有些极端，却不无道理：夫妻相处中，如果说将爱情及时转换为亲情是“治本”，那么，注重爱情的保鲜则是“治标”。

首先，不可忽视了外表的吸引力，因为人的信息摄入主要通过眼睛，为了彼此的眼睛不出现“审美疲劳”而影响爱情——人性所向，爱美之心，人皆有之，双方就不得不注重外表的“保鲜”，绝对别以为走进了婚姻的殿堂，就可以“原形毕露”。

比如和丈夫出门时，一定要打扮得漂漂亮亮的。男人都是爱面子的，臂弯里挎一个活色生香的美女比他开奔驰宝马戴劳力士穿阿玛尼都更加让他感到光荣。再如买一些漂亮内衣，营造夫妻间的小情趣。中国女人往往重外衣不重内衣，出门倒挺光鲜，一回到家中就以松垮陈旧的内衣出现在丈夫面前。而女人的内衣是营造性感和夫妻和谐的关键，一件陈旧老土的内衣足以让男人胃口大失。所以，在丈夫面前不用扮贞洁烈女，怎么性感就怎么穿！

当然，相比起内在的吸引力，外表的吸引力还显其次，因为如果心灵无法长时间互动，婚姻必然处于破灭的边缘。这就需要双方建立共同的爱好和兴趣，事实上，夫妻拥有共同的爱好和兴趣，爱情才会更美满更长久，这也得到了心理学的研究证实——一项研究显示，共同经营事业的合档夫妻不仅生意更红火，而且婚姻更稳定！

拥有了共同的爱好和兴趣，心灵能够长期互动，内在的吸引力自然会永葆青春，爱情自然能得以成功保鲜。

此外，还应该时时给对方一点私密空间，与对方保持一定距离。完全没有了神秘感，对方在自己眼里成了透明人，就像笑话里所说，握着老婆的手，就像左手握右手，这样的对象焉能激发爱侣的激情？俗话说，距离产生美，倘若一点距离都没有了，美也就消失了！三毛说：我的心里有很多房间，荷西也只是偶尔进来坐一坐。

托尔斯泰的故事值得我们深思：

结婚之前，托尔斯泰与索菲娅的爱情很美好，但是结婚以后，问题出现了，因为索菲娅有一个很不好的习惯——老要看托尔斯泰的日记。作为一代文学大师，托尔斯泰习惯在日记里畅所欲言，有什么想法写什么，而且想的写的都是大问题。可是，索菲娅不仅嚷着看日记，而且看了之后老是往自己身上找联系，然后跟他吵架，弄得托尔斯泰非常懊恼，慨叹自己“不是原来的我了，我的精神完全变得平庸了，我写东西时想着另一双眼睛看着我写的东西”。最后，实在没办法，托尔斯泰想出了一个办法，就是写两份日记，一份给太太看，一份藏在靴子里面。结果很不幸，藏在靴子里的日记还是被索菲娅翻出来了。后果可想而知，大吵一架后，老年托尔斯泰愤然离家出走，结果非常可怜地死在一个小车站上。

《圣经》有言：爱情是上帝对人类的惩罚。托尔斯泰的故事似乎是一个很好的例证。只有超越爱情的樊笼，婚姻才能永葆青春，夫妻之间才能恩爱有加，白头偕老。

心理茶座

绝不能和老公谈的十个话题

1. 千万别当面批评他的母亲，这样会伤害他的感情

动辄就“你妈怎么着……”、“我比你妈强多了”的妻子让丈夫望而生畏，要记住，永远不要想表现得比他妈还贤惠。

2. 不要对他的“浪漫观点”加以揶揄，这会伤害他的自尊

男人老是摆脱不了“孔雀开屏”的念头，一不小心就会在女人面前摆弄自己的“浪漫观点”。即使不赞同，也不要“泼冷水”，否则以后他在别的女人面前“孔雀开屏”就麻烦了。

3. 不要把他的饮食习惯或不良嗜好作为话题公开谈论

他向你倾诉的事，并非要你广告街坊、朋友，男性最忌伴侣在朋友面前经常提及他的“秘密”，尤其是他的坏习惯。不过，你不妨在别人面前称赞一下他的优点，例如工作出色，衣着品位高，厨艺十分了得，他必定会高兴。

4. 不要对比他的缺点来夸奖另一位男士，他会感到被看不起和被奚落

男性通常对同性缺乏安全感，若你将别的男士的优点来和他作比较，可能会令他忐忑不安。因此尽量少拿丈夫跟别的男人作比较，应让他觉得自己比其他男人优秀。

5. 看见漂亮女人，他如果多看两眼，你如果冷嘲热讽，他会极不高兴

每个男人都喜欢美女，不管他嘴上承不承认。聪明的女人会这样鞭策男人，主动指着街上的一个美女，问：她漂亮不？（千万别问，她比我漂亮不？切记！）矫正效果会比全智贤那套“野蛮女友”更好。

6. 不要没完没了地劝他争取升官加薪或“跳槽”

很显然，有这种想法的女人往往有很强的虚荣心，所谓“夫荣妻贵”；此外，她们往往还有很强的依附心理，所谓“只有藤缠树，哪有树缠藤”。为了满足她们的虚荣心和依赖性，她们不惜给丈夫施加各种压力。当然，鼓励丈夫发奋图强并没有错，但是，如果不切实际来制造压力，可能会适得其反。一句话：逼夫成龙的女人太愚蠢。

7. 不要谈及男士在家庭中担任什么“角色”，因为他在潜意识中仍认为搞家务有损男性“大丈夫”的尊严

聪明女人往往会“没事偷着乐”，而不是到处“瞎嚷嚷”。男人在家再怎么勤快，在外人面前还是希望保持一副“伟岸”的大男人形象。

8. 不要谈他的“秃顶”，这会让他心生恐惧感，生怕在女性眼中失去吸引力

女人怕老，其实男人更怕老，甚至男人比女人更怕死。事实上，男人的平均寿命远远不如女人。所以，要好好照顾男人这种

自尊型动物。

9. 不要谈论他的“腰围”

道理同上。

10. 不要追问他“私房钱”的用途之类的事

男人不仅需要私房钱来消费烟酒，更需要足够的活动经费来满足日常的应酬。私房钱，已不仅仅预示着男女平等，更是精神危机下的物质依托。

Chapter 09

第九章

从氏族历史看家人相处行为规范

第一节
从氏族历史看一夫一妻制的形成

稍微有点历史常识的人都知道，我们今天的社会结构是由氏族公社演变过来的。

具体来说，人类社会的第一个社会组织形式是血缘家族。血缘家族是在原始群的基础上发展而来的，是依靠血缘关系组成的群体，存在于旧石器时代的早期和中期。在血缘家族内部，已排除了先前的杂交即无任何限制的婚姻关系，而是实行按照辈分来划分的群内婚：所有祖父母，都互为夫妻；他们的子女，即父亲和母亲也是如此；同样，后者的子女，构成第三个共同夫妻圈子。因而这种婚姻又称“辈行婚”或“班辈婚”。

生产力继续发展，要求原来各自孤立的集团与集团之间保持一定的联系，而当时人类已转入相对定居的生活，这就为维持这种联系提供了可能。与此同时，人类在实践中逐渐认识到兄弟姐妹之间的同辈婚姻对后代体质发育所造成的伤害。于是，人类不但排斥了集团内部的异辈之间的通婚，而且禁止了兄弟姐妹之间的通婚，由此产生了“普那路亚家庭”。

普那路亚家庭又称“普那路亚婚”或“族外群婚”，是指一定范围内的同辈男女共为夫妻，即同一群姊妹和另一群男子或一群兄弟与女子之间的婚姻关系。这时，共夫的姊妹间和夫妻的兄弟间，互称“普那路亚”（夏威夷语，意为“亲密的同伴”或“伙伴”）。

族内通婚的禁止是逐渐实现的。大概先从排除同胞的（即母方的）兄弟和姊妹之间的性交关系开始，最后甚至禁止旁系兄弟和姊妹之间的通婚。这样，就构成了一个坚固确定的彼此不能通婚的女系血缘集团。这个集团就是氏族。

最初的氏族是母系氏族，因此妇女受到高度尊重，氏族的族长也一般是由妇女来担任。由于氏族组织的不断发展，使得两个氏族之间的群婚难以维持，于是族外群婚逐步转为对偶婚。

对偶婚是一种以妇女为主体、可以轻易解除婚姻关系的个体婚。对偶婚可划分为望门居、妻方居、夫方居三个阶段。从妻方居的母权制是对偶婚的典型形式，建立在对偶婚基础上的两性组织形式是对偶家庭。其特点是男女对偶结合短暂，不稳定，男女双方仍分属各自的氏族，但丈夫居住在妻子的氏族中，夫妻所生子女归妻方氏族，世系按母系血统计算。对偶家庭本身很脆弱、没有独立的家庭经济，没有形成社会的基本细胞。

后来，随着男子在生产劳动中地位的提高，改变了他们在氏族中的地位。于是，男子便利用这一地位来改变传统的继承制度，使之有利于子女。为保证子女出自一定的父亲，严格财产继承制度，婚姻关系由男子从妻的“妻方居”改为妻子居夫家的“夫方居”，对偶婚逐渐过渡到相对固定的一夫一妻制。

可见，建立一夫一妻制婚姻的目的在于确保所生的子女出自一个父亲，以继承家庭的财产。它的确立是文明时代开始的标志之一，并适应于整个文明时代。确立这种婚姻形式，主要是由于私有制的发展——在生产资料私有制的社会里，男子掌握经济大权，女子处于从属地位。父亲的财产只能由出自父亲的子女继承，因此作为妻子必须严格保持贞操和对丈夫绝对服从。

但是，这种一夫一妻制只是对妇女而不是对男子而言的。在中国的奴隶社会和封建社会，男尊女卑，女子受男子统治，女子只能嫁给一个丈夫，而男子特别是剥削阶级的男子则可以实行重婚、纳妾的一夫多妻制，而且丈夫可以随时解除婚姻关系，而妻子没有这种权利。

今天的一夫一妻制显然超越了原有的定义。中华民国时，一夫一妻制以法律的形式固定下来，但最终确定一夫一妻制还是1949年新中国成立之后颁布的第一部《婚姻法》，明确抛弃男尊女卑的思想，用法律的形式保障夫妻平等。

正是有了法律的保障，平等基础上的一夫一妻制让今天的家庭结构形式有了时代特点，主要是核心家庭、主干家庭和联合家庭三种模式。

核心家庭指两代人组成的家庭，核心家庭的成员是夫妻两人及其未婚孩子。主干家庭指父母和一个已婚子女或未婚兄弟姐妹

经典主干家庭：直系亲属三代人

生活在一起所组成的家庭模式，通常包括祖父母、父母和未婚子女等直系亲属三代人。联合家庭指家庭中任何一代含有两对以上夫妻的家庭，如父母和两代或两代以上已婚子女组成的家庭，或是兄弟姐妹婚后不分家的家庭，这种类型是核心家庭同代横向扩展的结果，它突出表现为人口较多，关系较为复杂。

一般来说，核心家庭人口较少，主干家庭人口居中，联合家庭人口较多。然而，由同样人口组成的家庭，人和人的关系不同，其组成的家庭模式也可能不同。

在世界家庭平均人口逐年减少的情况下，核心家庭已经成为各国家庭的主要模式。在多数东方国家，除以核心家庭为主外，还有一定数量的主干家庭。在西方国家，除核心家庭外，还出现了单亲家庭、单身户等其他家庭模式。

了解了一夫一妻制之下的家庭结构模式，家人相处行为规范就渐渐清晰了。

史海钩沉

乱伦禁忌及其起源

如果要追踪乱伦的历史痕迹，那么，传说中的先祖伏羲和女娲绝对是开山鼻祖，因为他俩就是兄妹乱伦的“典范”。

传说有一天，突然天塌地陷，地面燃起了熊熊大火，一时间，人类死伤殆尽，濒临灭种危险，这时，伏羲、女娲兄妹俩勇敢地站了出来，肩负起繁衍后代的重任，并为此结成了夫妻。

当然，伏羲和女娲的故事只是一种传说。但是在远古时代，乱伦的确广泛存在，因为考古发现，那时候的乱伦其实只是一种风俗。

远古时代，人们不会制造工具，也不会用火，只能成群地生活在一起，过着穴居生活，每个洞穴内的人基本上都是一个血族。这就是原始群的由来。

刚开始，各个原始群之间互不往来，过着孤立的生活。为了有效地繁殖后代——那时候的婴儿死亡率很高，不得不在原始群内也即血族内部实行乱交，生下的孩子归大家所有，并无一定的父母。这就是“不独亲子亲”的来由。

现在看来，当时发生这种血亲杂交的状况，完全是条件限制——当时的社会生活条件决定了这一切，所以那时候不存在今天所推崇的伦理道德观念，也没有“近亲交配，其生不繁”的科学知识。

后来，经过漫长的进化，原始人在代复一代的生活实践中认识到，近亲繁殖产生的后代很孱弱，而部落间的婚配则能产生更强健的子孙。显然，再固定于近亲繁殖，人类恐怕会走向灭亡。

于是，性约束出现了，人类社会最早的性约束就是禁止乱伦，在父女、母子、兄弟姊妹间严格禁止发生性行为，也就是废弃族内婚，改为族外婚。

从族内婚到族外婚实在是一大进步，但这仍然是群婚，子女只认识母亲，不知道父亲，近亲之间还可能出现杂交，优生依然得不到很好的保证。

直到父系社会严格的一夫一妻制出现，不仅直系血缘不得乱伦，就连三代或五代旁系都不能通婚的性道德习俗形成时，人类的优生才得到可靠保证。

第二节
本能释放的年代

一夫一妻制之下，核心家庭成为家庭主要结构模式。相比原始社会的种种不无混乱的家庭结构模式，核心家庭显得非常单纯而精练：父亲、母亲和孩子组成“三位一体”的密切的牢不可破的团体。

但是正由于家庭结构的简单，每个人的本能释放对象也变得单一起来，特别是父母与孩子之间的本能释放达到了史所未有的强度——独生子女政策的实施更加剧了这一特点。有人戏称：这是一个本能释放的年代！

那么，什么是本能呢？本能是人与动物与生俱来的天性，但是一直没有一个被广泛接受的明确的定义。

早在1859年，达尔文便提出了一个表现本能主要特征的普遍适用的描述：“我们需要经验去完成一个行为。然而，当这一行为可以被一个动物完成，尤其是被没有任何经验的非常幼小的动物所完成，并且，当该行为被很多个体以同一方式完成，同时它们并不清楚做出这一行为的意图是什么，那么，我们通常称这类行为为本能。”

达尔文的描述为本能的概念奠定了一个基调。后人对本能的各种理解几乎都是在此基调上产生的。

通常认为，本能性行为与习得性行为相对立。习得性行为往往逐渐地或突然地出现，在一个种系的个体间，习得的行为是高度可变的，依赖于多种多样的线索。而本能的行为则是先天具有，并且是固定而难以变更的。其中，照顾后代是人及动物共有的一项本能行为。

精神分析学派早就阐明，父母与子女生来就有一种本能的依恋感情——父母本能性地尽力照顾好子女，同时，父母也会在这种照顾中产生“占有”子女的依恋感情。其中，母子和父女之间的宿命感情尤为突出。

弗洛伊德说，母亲对儿子的依恋是一种宿命。所以对于女人来说，两个基本的事实不能回避：母亲对儿子的占有欲望和对另一个想要分享自己对儿子的爱的女人的嫉恨。现实也为弗洛伊德的观点提供了注解：婆媳冲突无论在东方或西方都司空见惯。

同理，父亲和女儿也有一种宿命的感情。这也得到了现实的印证：对于女婿常常是丈人横挑眼睛竖挑鼻，丈母娘常常没有那么苛刻；女儿出嫁的时候常常是父亲最失落，母亲虽然也不舍但不至于那么失落。

本能之下，父母会竭尽全力照顾好后代并产生一种本能的依恋感情，这本无可厚非。但是人之所以为人，更在于人具有动物不具有的特点——社会性，也就是说，人之所以为人，不仅在于

本能的释放，更在于尊重社会秩序的约束——显然，社会秩序的存在不容本能感情的肆意放纵！

本能的释放带来感性思维，社会性特征带来理性思维，二者缺一不可，这才是人区别于动物的本质所在。否则，缺乏理性思维而一味地本能释放，这种溺爱难免会收获“恶果”！只可惜，独生子女之下的核心家庭结构很容易让本能释放达到盲目而冲动的程度，溺爱之风愈演愈烈。

著名的《伊索寓言》里有这样一个故事：

一个偷窃的少年犯被当场捉住，于是，反缚双手，被牵到刽子手那里。疼爱孩子的母亲跟在后面，捶胸恸哭。儿子回转身来，说要对她说句心里话。母亲走近去，想不到却被儿子一口把耳朵咬了下来。母亲骂儿子大不孝，犯了罪还不够，又把母亲的耳朵咬下来。那少年犯说："假如我初次偷了同学的写字板拿去给你的时候，你打了我，那我何至于胆子越来越大，被牵去处死呢！"

《古今谭概》一书中也有一个寓言故事：

翠鸟为避免灾祸，开始把窝筑在树的高处。孵出小鸟以后，它很喜爱，生怕小鸟从高处的窝里掉下来摔死，于是把窝向下移了移。等小翠鸟身上长出了羽毛，非常漂亮，它更是加倍喜爱，越发怕小翠鸟摔下来，又一次向下移动鸟窝，移到离地面很近的树杈上。这样，翠鸟放心了，然而当路过树下的行人发现小翠鸟时，稍一举手便把小翠鸟掏走了。

虽是两个寓言故事，却深刻地揭示了一个道理：无原则的本能释放——溺爱，其实帮不了孩子，而是害了孩子。英国教育学家利斯说：溺爱的双亲应该记住，每样事都替孩子做，不希望孩子做什么事，这是对他有害的，孩子通常不需要娇养，他们要能尽职负责，过度的溺爱与娇养其结果是侮辱。

在这方面，比尔·盖茨无疑为我们树立了一个很好的榜样。

作为世界首富，比尔·盖茨的经济能力无人能比。可以这样说，如果他是一个溺爱的父亲，没有人比他更能满足孩子的需要。但是，比尔·盖茨是怎样做的呢？看了他的遗嘱，相信很多人会目瞪口呆——几百亿美元的资产，他只给几个孩子留下区区几百万，99%的金钱被捐献给了社会或设立这样那样的基金！连遗产都是这样分配，更别谈日常生活了——在对待孩子的问题上，比尔·盖茨真是一个“吝啬鬼”！

显然，比尔·盖茨没有被本能感情淹没，而是保持了相当清醒的头脑——他知道唯有培养孩子的独立精神，才能保证孩子的健康成长，否则，一味的金钱保障只会让孩子衣来伸手、饭来张口，甚至纸醉金迷、堕落无望！

正如很多心理学家揭示的那样，“溺爱其实是家长极不负责任的表现”！负责任的父母，所作所为应该有利于孩子的健康成长，而不应该让孩子成为不能耐受“风寒”的“温室的花朵”！

电视里有这样一个镜头：

巢穴里的老鹰一个劲地将翅膀刚刚长成熟的小鹰往外赶。这是为什么呢？很多人看到这一情景时会心存疑问：难道老鹰不要自己的孩子了？看得出来，小鹰根本不愿离开巢穴，它还那么小，翅膀还那么稚嫩，将它赶出巢穴，岂不是死路一条？但是老鹰丝毫妥协的余地都没有，行动也越发粗暴。终于，小鹰被赶出了巢穴。那一瞬间，很多人的心一定揪得紧紧的，因为小鹰像一块石头一样朝山底直线坠落。但是坠到半山腰的时候，奇迹出现了——小鹰在下坠的过程中不停地扑腾翅膀，它竟然飞起来了！直到这时，人们才明白了老鹰的用意——它就是要无情地将小鹰赶出巢穴，借此让它飞起来！

相信看过这个镜头的父母都会深有感触：在溺爱盛行的年代，是不是应该将孩子勇敢地赶出“巢穴”呢？

黎巴嫩诗人纪伯伦的著作《先知》里有一篇《儿女》的文

章，值得天底下的父母学习：

你的儿女不是你的儿女。

他们是生命对自身渴望所产生的儿女。

他们经由你出生，但不是从你而来，

虽然在你身边，却不属于你。

你可以给他们你的爱，而不是你的思想，

因为他们有自己的思想。

蔽护他们的身体，而不是他们的灵魂，

因为他们的灵魂住在你梦中也无法企及的明天。

你要向他们学习，而不是使他们像你。

因为生命不会后退，也不会在昨日流连。

你是弓，儿女是从你发射而出活生生的箭。

弓箭手望着永恒之路上的箭靶，它会施全力将你拉开，使它的箭射得又快又远。

欣喜地在弓箭手中屈曲吧！

因为它爱飞翔的箭，也爱稳定的弓。

〇时代聚焦

糟糕的“四二一工程”

当今中国普遍存在一种家庭结构，即“四二一”家庭——四位老人、一对年轻夫妇和一个小孩。这样的“倒金字塔”结构家庭，会不可避免地带来种种问题，而处在“倒金字塔”底端的孩子尤其让人担忧！

在这种家庭模式中，为生计辛劳的父母往往无暇顾及孩子的教育，常常将他们交给祖父母或外祖父母管教。隔代教育本身就存在一些隐忧，这早已被教育学家和心理学家证实。而且，老人在为人父母时，因工作和生活的原因，对孩子疼爱较少，现在总算有时间了，自然而然会把对儿女的愧疚转移到孙子身上，所以溺爱孩子的现象相当普遍。不仅如此，即使父母发现了孩子教育中存在的问题，一者由于自己的“失职”而愧疚；二者由于不忍责备长辈的好心，也只好“睁一只眼闭一只眼”地成为溺爱孩子的“帮凶”。

这样，孩子在家庭中占据了核心的地位。这种养尊处优的生长环境有可能带来三方面问题——

其一，孩子从小生活在家长的保护伞下，“众星捧月”的生活环境让孩子习惯了“独断专行”，一旦上学后必须与别人接触时，很容易暴露出诸如任性专断，不懂体贴、关心他人，缺乏自律和协作精神的弱点。

其二，始终走不出家长的目光，孩子往往缺乏交往对象和良好的交往环境，这会带来任性、自私、独立性差等个性问题。所以有人说，这是自私的一代。有鉴于此，被《西方教育史》称为“20世纪赢得欧洲和世界承认的最伟大的科学与进步的教育家”的蒙台梭利认为：“独生子女并不是被宠坏，而是他们缺乏玩伴。”

其三，孩子的饮食起居都被大人包办，这使得很多孩子“不食人间烟火”，继而缺乏责任感，无论对自己对他人还是对学习，容易放弃，很难坚持，害怕挑战，面对挫折选择逃避，不喜欢吃苦，眼高手低，甚至不懂礼义廉耻。

第三节
家人相处是门艺术

时下，有很多女生在婚前总喜欢问男生这个问题：假如我和你妈一起落水了，你会先救谁？坦白说，这是个傻问题。先不说这样的事情会不会在现实生活中出现，光是从问这个问题的出发点来说，就是很不理智的。

其实，这种问题割裂了完整的家庭结构，本身就是错误的。无论是核心家庭、主干家庭还是联合家庭，任何一种家庭结构的存在都决定了其完整性不容破坏，而要维护家庭的完整性与和谐性，就不得不考虑家人相处的行为规范。

谈到家人相处的行为规范，每个人都能说出一大堆道理，诸如尊重、包容、平等、互帮互助等等。然而，这些最基本的行为规范是维护家庭结构的基本条件，但还不足以构建和谐家庭。

司空见惯的一个误解是，都说家庭是幸福的港湾，很多人认为家人之间互相理解通融是天经地义的，事情真是这样吗？

事实上，一些人在外人面前温文尔雅，热情礼貌，在家庭里却吹毛求疵，甚至动辄发怒。最常见的解释是：在外人面前需要

戴着“面具”做人，回到家后则可以原形毕露，没必要掩饰自己。似乎这个解释可以成立，但是原形毕露之下怎么反而更加苛刻，不能包容呢？

另一个常见的误解是，亲人之间应该毫不设防，无原则地袒露自己，正所谓推心置腹，否则像对待外人一样提防小心甚至尔虞我诈，那就不是一家人了。

事情似乎的确如此：没见居家过日子，整天对家人百般提防的。相反，每个人都把家当作避风的港湾，在外面劳累了一天，回家来轻松地休息；在外面饱尝了委屈，回家来跟亲人诉说；在外面遭受了挫折，回家来让亲人劝勉；在外面经历了伤痛，回家来由亲人抚慰。不设防的确彰显了家的温馨。

但也正由于不设防，亲人之间反倒容易互相伤害。一方面，因为家里都是你的亲人，所以你可能言谈举止不讲究，对外人不可能说的话、不可能做的事，在家里往往无所顾忌地说出来、做出来；另一方面，因为你对亲人爱之深，所以要求也就非常高，外人那么说、那么做你可能无所谓，但亲人那么说、那么做就让你格外伤心。家里面很少出现大是大非、原则分歧，往往是一些鸡毛蒜皮的小事酿就烧不尽的“战火”。但是，万不可小看家庭中的杯水风波，它很可能让你的亲人痛彻肺腑，甚至令你的家庭分崩离析。

还有一种常见的误解：亲情是最深沉最厚重的感情，理应亲密无间。事实上，最好的婚姻关系，是亲近地保持距离。但放在亲情关系上，便有很多人不明白，并且难以做到。

比如当你想和家人靠近时，你总想知道对方更多，掌握对方，甚至控制对方，让对方迁就你，按照你的意思做，不知不觉地以你自己喜欢的标准来要求对方，让对方受不了，失去空间和自由，感到窒息难受。可你往往又察觉不到自己的问题，总认为自己的要求很合理，其实是在制造压力，破坏关系。

反过来，你如果老被家人要求着、控制着，你也会想逃避、想清静。

总是因着爱的名义，让我们都容易忽视，原来我们不知不觉介入了家人的世界，干预家人的天地，侵犯了家人的隐私和自由。“我是他的谁谁谁”，仿佛天经地义理所当然，为自己作为亲人的角色自行赋予了无限权利。

我们都不希望别人管我们太多，干扰我们的世界，但我们往往随意干预家人，制造矛盾。

即使是最亲的人，在负面能量日渐膨胀时，也应设法远离，让双方透透气，回到自己的角落，有机会冷静。

可见，对于最熟悉的亲情，我们常常在无意中犯这样那样的错误。追溯从氏族社会到一夫一妻制家庭结构的历史演变规律，我们就不难明白，亲情的形成有一个漫长的历史，对待亲人的方式绝不能草率行事。

首先，尊重家人的自主权。亲人之间人格平等，每个人都是独立自主的，都有独立解决和处理问题的权利。给了亲人自由，就给了他们成长的机会，他们就会逐渐意识到自己的责任，承受问题可能带来的后果。否则，指责总是伴随着更多逆反。

其次，分析问题尽量客观。人非圣贤，孰能无过。出现了不如意，不能总是先入为主，应该客观分析，找出问题的真正症结。即便着急，也得考虑对方的承受能力，尽量宽容，忍耐，等待对方真正明白。

而且，要善于倾听。很多人都长于诉说，很少人善于倾听。对于一个倾诉者来说，他最需要的往往不是指点迷津者而只是一个好的听众。善于倾听不仅可以化解跟外人的矛盾，而且能够减少家庭的纠纷，我们何乐而不为呢？

再者要相互慰勉。在家庭成员中，相互之间的劝慰和勉励是少不了的。常言道，人生不如意事常十之八九。日常生活中，谁都难免碰上磕磕绊绊、经历风风雨雨、遇到沟沟坎坎。此时，亲人的慰勉能够产生神奇的力量。

还有切莫放纵。人都有心情不好的时候，有些人由着性子来，放纵自己的坏情绪，无论事情是否因家人而起，只管跟家人生气、向家人发火，给亲人平添了许多痛苦和烦恼。而且坏情绪极具传染性，如果受你的传染，家人的性子也被激起，跟你针尖对麦芒，如此闹起来，直把一个好端端的家庭搞得鸡犬不宁。这又何苦呢?

最后，要善于欣赏。人人都有自尊心，都希望得到他人的尊重和鼓励，尤其希望得到亲人的认同，只有这样，他们才有勇气去面对过失，面对未来。在认同的过程当中，亲情也会更加浓厚。

美国前劳工部部长赵小兰女士说过一句话：“我人生中所有幸福的时刻和成功的喜悦，都是和家人一起分享的。”所以，感恩亲情，并把握好家人相处的行为规范，这样就能让亲情之花永远绽放。

心理杂谈

与家人相处时间到底有多长?

从呱呱坠地，到咿呀学语，和你相处时间最长的是谁？很多人会不假思索地回答：是妈妈。但你有没有认真算过，等你长大成人，成家立业后，真正能和妈妈在一起的时间到底还有多少？

曾经，一道计算与妈妈相处时间的计算题在网上被很多人转载，不少网友看到自己的计算结果后感到很震惊，唏嘘不已。

台湾影星苏有朋曾经公布自己的计算公式：

假设你的父母是X岁，按平均寿命80岁计算，我们还能和他们相处（80-X）年，假设常年在外漂泊的我们每年回家7天，每天不睡懒觉，不出去聚会，只守在父母身边有16小时，那我们一共还能和他们相处——［（80-X）×7×16］/24=Y天。

苏有朋对照这个公式计算了一下，自己与父母相处的时间只有短短70天！由此，苏有朋发出一声感慨：“你是为了梦想常年离乡背井的漂泊族吗？你知道父母的近况吗？你知道你还有多少可以和他们相处的时间吗？是否突然很想念你的父母？”

事实上，每个家庭都有自己的实际情况，但是幸福的家庭都是相似的。究竟，怎样的家庭更幸福呢？美国一个调查中心对25个州、3000多个家庭的幸福感进行调查发现，与家人相处时间越长越幸福。而且，这项研究公布了幸福家庭的几个共同特征：

分担责任。当各个成员都拥有责任心，乐于将时间、精力和感情投入家庭，扛起各自应尽的职责时，就更能致力于增进彼此的幸福和快乐。

共度时光。1500多名孩子表示，“家人在一起活动”最让自己幸福。其实，一起做什么并不重要，重要的是，与家人在一起的时间越多，我们会觉得越美好、越放松。

彼此赞美。调查结果发现，在幸福感高的家庭里，家庭成员互相给予的赞扬和肯定非常多。包括夫妻之间互相理解和欣赏，对孩子和老人充分褒奖等。

重视交流。家人之间有效的交流，意味着能迅速消除误解，减轻失落感，并增强了归属感。

诚实宽容。对家人保持诚实守信、相互宽容的态度，能让家庭变得透明，增强家人之间的信任感，从而营造和谐稳定的家庭氛围。

慎处危机。遇到问题和矛盾时保持理智和冷静，不要小题大做，家人之间更能珍惜彼此的良苦用心。此外，如果家庭遇到较大的挫折，一家人也要同心协力，共同渡过难关，这种合作的默契，会大大加深感情。

Chapter 10

第十章

从战争后遗症看依恋本能

第一节
战争带给儿童的心理创伤

英国有句谚语：战争一开始，地狱便打开。古往今来，大凡战争爆发，历史都会记下惨痛的一笔。当战争烟消云散时，它所带来的后遗症却是很难在短期内“痊愈”，特别是带给儿童的心理创伤让人痛心疾首。

2003年3月20日，美英不宣而战对巴格达进行大规模轰炸，共发射了40多枚导弹，其目的是想“斩头除首”，搞掉美英的眼中钉肉中刺——萨达姆及其核心领导层。但是，这一招并未奏效。而从这一刻起，不仅是伊拉克儿童的噩梦，连美、英国内儿童的噩梦也开始了，加上后来战事的越演越烈，儿童的心灵创伤越来越大。

当巴格达遭到轰炸时，多家电视媒体进行报道，在家中的孩子都感到惊恐不已，连声问他们的父母到底发生了什么事情。有些父母对他们直言，有些父母则哄骗他们，说那些传来的炸弹爆炸声只不过是爆竹、汽车和飞机的行进声。但是，这样的谎话可能骗过一些几岁的孩子，却无法骗过年龄稍大的孩子，而且随着战争的深入，也无法对所有的孩子进行善意的谎话安慰了。

英国《星期日镜报》记者史蒂夫·马丁通过特殊渠道获得了巴格达一名17岁少女特拉雅·埃尔凯西的日记，有人把特拉雅的日记比作“二战”时藏匿在家中躲避德军的犹太姑娘安妮的《安妮日记》。特拉雅的日记描述了她和她同龄的儿童及更小的儿童对战争的恐惧。她写道：3月20日（星期四），早上5点30分，我突然被空袭警报声惊醒，那真是世界上最可怕的声音，我和妈妈都惊醒了，紧紧抱在一起……3月21日（星期五），爸爸跟哥哥都到屋外看天上飞过的导弹，我和妈妈两人仍整天藏在楼梯间，我的脸色苍白，搂着妈妈的手在不自禁地微微发抖。真主，救救我吧！救救你的伊拉克孩子！……3月22日（星期六），远处传来一阵阵爆炸声，我不知道同学们是否也像我现在一样害怕和恐惧，我们不希望成为难民，成为无家可归的孤儿！我们害怕死亡！特拉雅的日记不仅仅是她恐惧心理的描写，也是所有伊拉克儿童的恐惧心理的现实体现，而且随着战争的深入，这种心理创伤会越来越深刻，因为正如他们所担心的，父母会被炸死，他们也会被打死，还可能成为难民。

2003年3月22日，英国《观察家报》刊出一幅巴格达医院三四岁小男孩艾哈迈德·格拉利卜受伤救治的图片，他头上和手上都扎着绷带，一双泪眼满含着痛苦和恐惧，他害怕但不能理解这世界到底发生了什么。同样美军一些战死的军人的孩子也遭受着这样的心灵煎熬：3月21日上午，在直升机坠毁中死亡的12名美英士兵中有美军士兵肯德尔·沃特斯贝，他10岁的女儿肯尼斯·沃特斯贝闻讯后悲伤地手捧父亲的照片哀悼。

类似的事例不胜枚举。很多心理学家在呼吁：当战争爆发的时候，儿童最容易受到心灵创伤。追根溯源，儿童最容易受到心灵伤害的根本原因是他们生理和心理的发育尚未成熟。

医学心理学告诉我们，人们对世界认知的物质基础首先是大脑的发育成熟。到十七八岁，儿童的神经系统，如大脑重量虽然已经与成年人相等，但大脑的认知机能仍在继续发育。也就是说，儿童的神经心理发育还未完全成熟，这就既容易造成认知的不成熟，也可能造成神经心理的永久性伤害，而且一旦受到伤害就会持续一生。因为战争是一种最大的不良应激事件，同时它冲击的是儿童尚未成熟的神经心理，这就完全超过了一个未成年人所能承受的神经心理应激能力，在此情况下儿童当然比成人更容易产生心理疾病和心理障碍。

另外，由于儿童缺乏足够的社会锻炼与适应，同样在认知上会受到误解和心理伤害。过去的研究表明，儿童心灵受伤后可以影响其成年后的所有生活，包括生活态度与个性，其中对女性最为重要的是影响其婚姻和家庭以及对后代的教育。比如，在战争中失去亲人和受到强暴，她们成年后一般都厌世、忧郁，对男人和家庭生活没有好感，对性生活更是憎恶。而对男性最大的影响是，认为暴力可以解决一切，因而暴力倾向严重，对生命极其淡漠，犯罪潜意识和可能性比一般人高出几倍甚至几十倍。典型的例子是南非，经过历史上种族隔离的暴力与战争，一些南非人对生命不是敬畏，而是非常冷淡，甚至为了一元钱、一双鞋和一件衣服而抢劫和残杀他人，但是事后罪犯并不认为对方的生命是值得尊重的。

另一个让全世界更为担忧的隐患是，在暴力和杀戮中长大的儿童将形成强烈的复仇观念与偏执的思维模式。

2002年3月29日，一枚人体炸弹在耶路撒冷的一家购物中心引爆，造成3名以色列人死亡、16人受伤。虽然巴勒斯坦人以“人体炸弹”袭击以色列人的事件屡见不鲜，但是这一次还是让全世界为之震惊，因为这回充当“人体炸弹”的阿亚特·阿克拉斯只是一名刚满18岁的女孩。

消息一出，立刻引来嘘声一片。人们满是愤懑，更多的却是恐惧。就连美国总统布什也发出了这样的感慨，“当那名巴勒斯坦少女引爆身上的炸弹，炸死自己和在场的一名17岁以色列女孩的时候，巴勒斯坦人民的明天没有了，以色列人民的明天没有了，和平的光明被毁了……”

一个风华正茂的少女出于自愿，将自己和几个素昧平生的人杀死。我们到底该指责谁？恐怕没人能讲得清。

战争带给儿童的心理创伤也得到了数据的证实。

2000年9月至2001年7月间，生活在约旦河西岸的巴勒斯坦儿童平均经历了10次武力冲突，而那些居住在加沙地带犹太人定居点的以色列儿童则平均看到过11次流血事件。这些事件在儿童心灵深处留下了不可磨灭的伤痕。

以色列特拉维夫大学心理学家塔马尔·拉维对1300名巴以儿童的研究发现，大约70%生活在约旦河西岸的巴勒斯坦儿童和30%居住在犹太人定居点的以色列儿童患有“战争创伤综合征”——这是一种以心理伤害为主要特征的综合征，类似于“海湾战争综合征”，甚至比后者严重得多。其症状是，儿童们经常做噩梦、没有胃口、无缘无故地表现出焦虑的情绪，还有一些儿童表现出极端的厌世与仇恨。在接受拉维调查的儿童中，有些人亲眼看到过流血事件，有的还在冲突中受了伤或者在冲突中失去了亲人，而有些巴勒斯坦儿童还曾经有被逮捕的经历。

让儿童遭受心理创伤的不仅仅是海湾战争和巴以战争。根据联合国儿童基金会2003年的统计，至少有50个国家的儿童生活在战争之下，或者受其长期影响；最近的十来年间，200万儿童在战争中被杀，600万儿童在战争中受伤，2300万儿童因此无家可归。

一组组触目惊心的数据！一个个惨不忍睹的事例！这不禁让人想起全人类的呼唤：让世界充满爱！

○新闻视角

战争中的娃娃兵

调查显示，近十年来，全球共有近百万未满18岁的儿童卷入各种战争或是武装冲突之中，孩子逐渐成为战争中不可或缺的角色。他们手持AK-47、M-16步枪冲锋陷阵；他们执行扫雷、自杀性任务；他们充当搬运工、间谍、通信员，还有哨兵；他们还参与屠杀和迫害，包括斩首、断肢、强奸以及活焚。

为了训练娃娃兵的暴力倾向，成人士兵会要求那些孩子杀死自己的父母，拒绝的人会被处死，甚至要求他们喝死人的血。

在一些部队中，娃娃兵还被定期注射可卡因或者毒品，拒绝服药的人会被处死。那些女孩在服用药品之前大都会遭到强奸。除了枪炮，娃娃兵的生命还受到来自饥饿和疾病的威胁。所有这些，除了让人对未来产生惶恐之外，更多的是对人类命运的绝望。

其实早在1989年，联合国就通过了《儿童权利公约》，禁止军事集团强征儿童服役。公约规定应征入伍者的年龄不得小于15周岁。而2000年5月25日，联合国大会又通过了《儿童权利公约》修正案，正式将禁止娃娃从军的年龄从原先的15岁提高到18岁，绝对禁止征召18岁以下的孩子从军。

虽然在签约时，有160多个国家参与，但是在今天看来，无论是签约国，还是非签约国，依然存在着娃娃兵现象，而且有愈演愈烈的迹象。

尤其是在战争冲突不断的地区，村落时常被洗劫，大量的儿童流离失所。为了填饱肚子，为了帮死去的家人复仇，孩子们将参军视为唯一的出路。而生理和心理的弱势让他们很容易成为服从性极高的士兵，成为危害社会的兵痞，成为无辜的受害者。

近年来，国际机构资助利比里亚、斯里兰卡等国成立了“儿童兵解除武装复员返乡”等组织。在阿富汗、安哥拉、塞拉利昂已经有近4万名儿童得到解救。而在利比里亚有5800名娃娃兵获遣返……

虽然情况有所好转，但是连年的战争给孩子的心理造成了严重的创伤，比生理上的伤口更难愈合。如果处理不好，就会给个人或是社会留下更大的隐患。如何治愈这些饱受创伤的心灵，是国际社会面临的又一难题。

第二节
儿童心理创伤之下的依恋本能

战争带给儿童巨大的心理创伤，这引起了社会各界有识之士的关注，包括一些心理学家。其中，英国心理学家约翰·鲍尔比提出的“依恋理论”尤为引人关注。

两次世界大战期间，许多儿童因战争失去或离开父母，被送进了孤儿院。孤儿院的儿童虽然得到了身体上的看护，但仍然表现出严重的心理障碍。英国心理学家约翰·鲍尔比于20世纪50年代调查了战争中的儿童和孤儿，并向世界卫生组织提交报告，指出机构养育的危害，尤其是母爱剥夺的危害。而且，鲍尔比在此基础上提出“依恋理论”：孩子只有和至少一名成人建立了牢固的精神纽带，才能自信地发展自己的天赋。基于他的文化观和动物分离的研究，鲍尔比在《依恋与失落》一书里，从生态学、心理学、心理分析学、精神病学以至控制论、信息论角度，阐述了早期社会依恋理论，解释了儿童对母亲依恋的机制，论述了最初几年母婴依恋关系的发展。

为了宣扬他的依恋理论，鲍尔比甚至制作了一部关于一位独自待在医院的12岁女孩的电影，该片在放映之后轰动全世界，并引发了激烈的争论。即使存在争论，但不得不说，我们要感谢鲍尔比的贡献——如果不是他，今天的孩子可能就无法享受到以下的优待：

在产房中，母亲和孩子很少被分开。

父母可以和患病的孩子一起留在医院。

父母清楚与孩子建立牢固的亲情关系有多重要。

即便是早产儿，如果能感受到来自父母的温情和肌肤接触，他也会健康而满足地成长。婴儿生来就带有一股令人惊叹的力量，可以自如地与周围的人和事物建立情感联系，这非常奇妙。多数父母凭直觉就能对孩子释放出的信号作出回应，于是，他们与孩子间的情感维系就更牢固了。

如果你能接受孩子的性格，全身心地照顾和保护他，给他全面的安全感，那么你就会为他搭建好成长所需的情感根基。

尽可能多地爱孩子。他们纯真无邪，毫无自我保护能力，仰赖着你的照顾。你需要仔细观察他，当你发现他需要什么时（只要需求是合理的），尽可能满足，这是你能给孩子的最好礼物。随着孩子的成长，我们越来越了解他所拥有的能力和力量，所以我们需要做的是认真观察孩子，发现他的真实需求，竭尽全力满足。孩子们渴望成长，渴望学习各种知识和技能，同样，父母也会有一种自觉自发照顾孩子的本能。跟着直觉走，时时观察，你就会和孩子建立畅通的交流。

得益于鲍尔比的依恋理论，今天的心理学者都明白了一个道理：依恋是人的一种本能，人类天生具有依附的需要。

具体来说，依恋是寻求与某人的亲密，并当其在场时感觉安全的心理倾向。显然，最有代表性的是亲子依恋。

为了揭示亲子依恋，一个经典的心理学实验是：

幼猴在出生后不久即与母猴分离。然后，研究人员向幼猴提供两个玩具母猴作为母猴替代物：第一个玩具母猴是由铁丝网做成，第二个玩具母猴是由毛巾布和泡沫橡胶做成。两个玩具母猴都可以在胸部附加奶瓶，供幼猴取食。实验的目标是：要观察什么因素决定着幼猴会依附哪个玩具母猴——毛巾布的柔软触感，或食物的获取。实验结果表明，幼猴会依附于软布做的玩具母猴，而无论它是否提供食物。并且当软布玩具母猴在附近时，幼猴有更多的探索活动。

显然，具有柔软性材质的毛巾向幼猴提供了一种安全感。换言之，接触可以带来安慰。因此，我们明白了一个道理：婴儿在和母亲的接触过程中不断获得快感。在亲密的接触过程中，婴儿获得安全感。

这也得到了事实的印证：婴儿会在出生后主动爬向母亲。婴儿的笑容，爬向母亲的姿势，都是在依恋本能之下主动建立依恋关系的信号。我们总在说，婴儿的笑容是我们无法拒绝的。这是人类在进化过程中产生的特性。我们不能拒绝婴儿的笑容不是因为什么特别的原因，只是因为人类在进化过程中出现了这样一种

能力，初生的婴儿需要建立依恋关系的时候，成人无法拒绝。

鲍尔比之后，一些心理学家进一步完善了依恋理论。美国心理学家爱因斯沃斯和她的学生创立了一种叫做陌生情境的技术——这是一种实验范式，用以研究婴儿—双亲依恋。在这种陌生情境中，对12个月大的婴儿和他们的父母进行实验，系统地安排分离和重聚。

在陌生情境中，大多数儿童（约60%）的行为符合鲍尔比的"常模"理论：当父母离开房间时婴儿变得心烦意乱，但当父亲或母亲返回时，婴儿主动寻找父母，并很容易在父母的安慰下平静下来。表现出这种行为模式的儿童通常被称为安全型。

另一些儿童（约20%或更少）最初会不安，在分离后会变得极为痛苦。而更重要的是，当重新与父母团聚时，这些儿童难以平静下来，并经常出现相互矛盾的行为，显示出他们既想得到安慰，又想“惩罚”擅离职守的父母。这些儿童经常被称为焦虑—抵抗型。

爱因斯沃斯和同事们记录到的第三种依恋模式被称为回避型。回避型儿童（约占20%）显得不会因分离而过于痛苦，并在重聚时主动回避与父母的接触，有时会把自己的注意力转向玩实验室地板上的物体。

显然，爱因斯沃斯的工作很重要。首先，她用实验揭示了在安全和惊吓情境中的依恋行为类型的真实存在。其次，她最早对婴儿依恋类型的个体差异进行了经验性分类。再次，她用实验证明这些个体差异与儿童出生后第一年内在家庭中的婴儿—父母互动相关联。例如，在陌生环境中显得有安全感的儿童的父母，一般会及时地对儿童的需要做出反应；而在陌生环境中显得无安全感的儿童（即焦虑—抵抗或回避）的父母常常对儿童的需要不敏感，或者是以反复无常或遗弃的方式照顾儿童。

总之，爱因斯沃斯的研究表明婴儿依附类型对婴儿成长至关重要。美国明尼苏达大学少儿发育研究所的专家为此进行了一项更全面的长期研究，来考察早期婴幼儿与其照顾者形成的依恋形式，以及这种依恋与其后来的学业成就之间的关系。

研究者对174名孩子进行了长达16年的考察。他们首先考察了孩子们的家庭背景，诸如婴儿对父母依恋的模式，孩子的自主性，孩子的自我调节能力，其家庭的整体状况，以及母爱程度等。随后，他们又考察了这些孩子在学校中的表现，考察他们在学校环境中的适应程度，以及在数学、阅读能力、阅读理解、拼写等标准化考试中的成绩。结果得出一个令人震惊的结论：在孩子智商一定的情况下，婴儿对父母依恋的模式与程度是孩子日后学术成就最明显的因素。

由此，许多专家都指出：婴儿与父母和照顾者之间健康的关系，是孩子一生中良好人际关系的基础。良好的人际关系就是对权威的尊重与同情心的流露，对于领导者来说，还包括与同事融洽相处的能力。

可见，亲子依恋本能对一个人的健康发展有非常重要的意义。这种依恋本能会贯穿一个人的一生而不仅仅局限于婴儿阶段。当我们回想起战争炮火之下的儿童时，我们终于明白了一个道理：

战争之下，生灵涂炭。儿童的依恋本能失去了释放对象——当亲人倒在血泊之中时，当身边出现一张张冷漠的面孔时，压抑的依恋本能会变成一股扭曲的心理能量，种种心理隐患就此埋下了祸根。

当人类学家在为制止战争呼吁呐喊的时候，心理学家早就在心底留下了悲伤的眼泪。

亲子乐园

如何正确抚摸孩子

儿童早教里有一项非常重要的功课——多抚摸孩子，让孩子在感知上感受到父母的关爱。要如何抚摸才能达到最佳效果呢？

1. 抚摸孩子的手

“孩子的智慧在他的手指尖上”这句话早已为现代医学所证实。大脑的不同区域掌管着人体的不同部位。一双小手竟然要大脑中那么多的领域来支配，那么，运动手掌与十指也必然会使大脑的神经受到刺激，得到锻炼，这就是手巧与心灵息息相关最坚实、最有说服力的生理基础。所以，抱孩子的时候，要多抚摸、舒展、牵拉、亲吻他的手。另外，可以和孩子做一些抚摸小手的游戏，像“斗斗飞”、“拉大锯”、“挠一挠”等等。

2. 摸摸孩子的头

头皮距离大脑最近，常抚摸它，不仅可以解决“皮肤饥饿”，还有利于孩子情绪的稳定。孩子受到什么惊吓，或是受到点什么委屈，摸摸他的头，会使他很快镇静下来。

3. 贴贴孩子的脸

多贴贴、亲亲孩子的脸，有助于给他一个好情绪和好兴致。脸部的神经最发达，多爱抚他的脸，让他眉宇舒展，表情开朗，嘴角甜甜，会心微笑，长久会带给孩子一张坚毅、漂亮的脸。

4. 抚摸孩子的肩膀

孩子做出点让大人高兴的事，或是他自己感到得意的事时，别忘了拍拍他的肩膀，以示赞赏与鼓励。以肌肤相亲的方式赞赏和鼓励孩子，往往比语言来得有力，更容易滋润孩子的心田。

5. 每天给孩子做1～2次全身抚摸

可边抚摸边哼儿歌，让孩子在融融的慈爱中接受父母轻轻的爱抚。抚摸的顺序是：先让孩子仰卧，从头脸开始，然后是腹部四肢。大一点的孩子，再让他俯卧，也是按从上到下的顺序轻轻地抚摸。抚摸要以让孩子感到舒畅为原则。

6. 逛公园时也要多抱抱孩子

父母带孩子去公园，常见的是用童车推着孩子，这样做虽然方便省力，但是却没什么益处。可学学老外的做法。他们经常是抱着孩子或是让孩子骑在自己的脖颈上逛公园，这样孩子的视野开阔，也玩得开心。同时，也增加了肌肤相亲的机会。

7. 父亲也要多抱抱孩子

父爱是母爱所不能替代的，坚强宽广的父爱与温柔细腻的母爱给孩子完全不同的感受，所以父亲也应尽早成为爱抚孩子的角色，和孩子一起游戏，引导孩子爬行和走路，帮助孩子洗澡换尿布。父亲还应多抱抱孩子，孩子在父亲健壮的胸脯上，那感觉肯定十分惬意。

第三节
依恋本能对生活的影响

依恋本能不只影响婴儿，对成人生活的影响也不容小觑。

20世纪80年代中期，研究者们才开始严肃地考虑依恋过程延续到成人期的可能性。基于婴儿—照看者和成人恋爱关系的一些相似性，心理学家哈赞和宣威得出结论：成人恋爱关系与婴儿—照看者关系一样，也是依恋。

为此，哈赞和宣威设计了一套问卷用以考察成人依恋与婴儿依恋的相关性——要求被研究对象阅读下列三段内容，并指出那段内容最好地描述了他们在亲密关系中的所思、所感和行为：

A. 与别人亲密令我感到有些不舒服，我发现自己难以完全信任他们、难以让自己依赖他们。当别人与我太亲密时我会紧张，别人想和我更加亲密，这使我感到不舒服。

B. 我发现与别人亲密并不很难，并能安心地依赖于别人和让别人依赖我。我不担心被别人抛弃，也不担心别人与我关系太亲密。

C. 我发现别人不乐意像我希望的那样与我亲密。我经常担心自己的伴侣并不真爱我或不想与我在一起。我想与伴侣关系非常亲密，而这有时会吓跑别人。

基于这种三分类测量的结果，哈赞和宣威发现，成人依恋类型的分布情况类似于婴儿。换句话说，在成人中，约60%认为自己是安全型（B段），约20%把自己描述为回避型（A段），另有约20%把自己描述为焦虑—抗拒型（C段）。

这个发现具有如此重大的意义，它让我们明白：恋爱中的行为表现由依恋类型所决定，诸如回避型、焦虑型、安全型。所有人，不管是刚刚开始约会还是已经结婚40年之久，都属于其中一种。总体上说，安全型喜欢彼此间的亲密行为，通常温柔多情。

焦虑型渴望亲密，将全部精力都投入到恋爱当中，往往担心伴侣在恋爱交往中的互动能力，担心付出得不到回报。回避型将亲密视为丧失独立性，喜欢与伴侣保持一段距离。通过了解自己属于哪一类型，我们便可以从一个全新的角度看待自己以及伴侣的行为，从而增进与伴侣之间的感情。

斯大林与娜佳的故事值得深思：

1932年11月8日，正值十月革命15周年的纪念日。刚刚举行完庆祝大会，清晨，克里姆林宫官邸和往常一样悄无声息，一位上了年纪的保姆步履蹒跚地前去服侍斯大林夫人娜佳起床。她轻轻地推开房门，立刻被眼前的景象惊呆了，只见女主人娜佳倒在血泊里，手里握着一支袖珍左轮手枪。

这到底是怎么回事？娜佳为什么要自杀？镜头回放到1903年。1903年春天，在巴库，一个两岁的女孩在海边玩耍时，不慎被海浪冲走。斯大林看到这一情景，奋不顾身地跳进海里，把她救了上来，这个落水的小女孩就是娜佳。当时，斯大林已经24岁。

1917年，斯大林从西伯利亚流放回来，再次来到娜佳家时，无论如何也无法将14年前的孩子和眼前的这个女孩联系在一起，因为站在他面前的是一个有着微黑肤色、鸭蛋脸、柔和棕色大眼睛、带着某种东方女性多愁善感仪态的16岁的女中学生。此时的斯大林已经有了妻子，只是妻子两年后过早离开了人间。

和娜佳的爱情究竟是从什么时候开始的，无从得知。但是，可以肯定，当刚刚16岁的娜佳第一眼看见斯大林时，爱慕之情就已经油然而生了，只是那个时候她只能把爱深深地埋藏在心底。

当斯大林失去妻子最需要安慰的时候，娜佳，这个只有18岁的少女，不顾年龄上的巨大差异，不顾母亲的极力反对，毅然来到他的身边。

这个18岁的少女，不仅深深地爱着比她大22岁的革命领袖，而且还肩负着和她的年龄极不相称的工作担子。

但是，毕竟她和斯大林在年龄和经历上存在着巨大差异，这造成了婚后生活的痛苦。

斯大林主宰着一个世界上幅员最为辽阔的国家的命运，这决定了斯大林必须具备钢铁般的果断、沉稳甚至是冷漠、专横的性格。然而娜佳很不习惯斯大林的“生硬”，对于娜佳来说，斯大林已经变得极不体贴人，已经不再是她在青年时期所憧憬的那个最佳爱人。

娜佳和斯大林之间的争吵开始爆发了，并且不断升级、频繁发生。

娜佳曾不止一次地告诉她的亲戚和好友，她要离开斯大林，可是她又始终下不了决心。

那么，到底是什么事使她断然与曾是她心目中爱人最高典范的斯大林永别了呢?

1932年11月7日晚，克里姆林宫为庆祝十月革命15周年举行盛大的节日宴会。贵宾云集，气氛极为热烈。那天，斯大林情绪非常好，他当着大家的面喊娜佳：“喂，你，也来喝一杯！”在这种正式的场合，他应该遵循礼节，叫妻子的名字，可是斯大林忽视了。从来就认为自己不是附属品的娜佳感到了羞辱，于是她大喊一声："我不是你的什么'喂'！"接着，她站起来，在所有宾客的惊愕中退出了会场。

据老保姆回忆，娜佳死前一段时间十分忧郁。此时斯大林的冷漠与专横无疑更深地刺伤了她的心，加速了她走向死亡。

娜佳的死给了斯大林极大的震惊，斯大林多次哀叹：这一切都是为了什么？为什么她要用自杀来惩罚我？难道我不善于体贴？难道没有把她当作妻子去爱？

斯大林与娜佳的爱情故事让人唏嘘叹息。深究起来，回避型的斯大林与焦虑型的娜佳从一开始的相互吸引就注定了难以磨合的结局。

研究发现，回避型和焦虑型往往互相吸引，但彼此的特征会进一步恶化，导致焦虑型陷入永无休止的焦虑旋涡，渴望与对方亲近，而回避型则进一步选择疏远。但是，这并不是说他们无法获得快乐，事实上，他们需要共同努力，增进彼此的感情。显然，在共同努力方面，斯大林与娜佳都做得不够。

所以，对自己及配偶的依恋类型有一个准确的把握，有利于感情的维护和发展。比如，如果你是回避型，你需要学会依赖和信赖对方，让他们有机会发现自己的错误，而不是选择疏远；也不要将曾经的伴侣完美化，更不要等待所谓的理想伴侣。只有这样，你才能与对方更亲密。

当然，依恋本能对生活的影响不只是局限于婚恋生活，也波及生活的其他方面。

一个司空见惯的例子是，不安全依恋的个体会具有不良的人际关系。那么，什么样的人具有吸引力呢？这是一个人人都会关注的问题。

按照依恋理论，婴儿都有寻求安全基地的需要，渴望与一个强大的能够提供支持和保护而又足够好的他人建立亲密关系，这样他们的需要会得到及时的满足。什么样的人足够好呢？首先，这种人对我们的需求能够敏锐地感受到，不会对我们的要求拒绝，对我们表现出足够的关注和爱。因此，一个具有良好的婴儿期照看者品质的人，能成为别人依恋对象的人，就是最具有吸引力的人。

其实，每个人从生到死都在寻求依恋对象：从婴儿的亲子依恋，到婚恋期的伴侣依恋，再到生活里“肝胆相照”的朋友依恋，直至临终前“落叶归根”的亲情依恋。有些依恋如亲子依恋和伴侣依恋现在已经研究得很清楚，有些依恋如“肝胆相照”的朋友依恋和“落叶归根”的亲情依恋还有待进一步的深入研究。

21世纪的今天，生命职责变得异乎寻常的重，人际关系也日益脆弱，越来越多的人不得不与依恋本能作斗争。“我想与一个永远都不会离开我的人在一起”。很多人发出这样的感慨，但又觉得这是一个难以实现的梦——对丧失和被抛弃的恐惧，无论是无意识的还是模糊的，都始终使依恋本能蒙上一层阴影。当这种恐惧过于强烈的时候，它就会排除依恋，要求个体享受他所恐惧的孤独。

想起哥伦比亚作家加西亚·马尔克斯的名著《百年孤独》，我们不禁感叹：原来，孤独也是依恋本能的一种变形形式。

婚恋词典

你属于哪种依恋类型？

在依恋类型理论面前，你的行为以及伴侣的行为不再令人莫名其妙和复杂难懂，而是具有可预见性。以下介绍三种依恋类型：

1. 焦虑型

焦虑型拥有与伴侣保持亲密关系的能力，但往往担心伴侣不会像希望的那样与自己保持亲密。这种类型的人在恋爱中消耗大量情感能量，他们对伴侣情绪的微小波动非常敏感，过于用自己的想法看待伴侣的行为。

这是一种过度敏感的依恋类型。即使一个小小的暗示都会让他们心神不定，很难平静下来，除非伴侣明确表示他们的爱恋关系很稳固，仍然深爱着自己。

2. 回避型

在回避型的眼里，保持独立非常重要，对独立的重视程度往往超过彼此间的亲密。他们也希望与伴侣亲密，但过度亲密又让他们感到不舒服，往往选择与伴侣保持一定距离。他们不会总担心遭到拒绝，往往不会敞开心扉，导致伴侣经常抱怨彼此间的距离感。在恋爱交往中，回避型对伴侣控制或者侵犯其独立性的行为保持高度警惕。

回避型会选择某些方式让自己所爱的人不破坏自己的独立性。但这些方式也会阻碍恋情发展，最终与属于自己的幸福失之交臂。

3. 安全型

安全型在恋爱中对伴侣满怀爱意，表现出温柔多情的一面。他们享受与伴侣之间的亲密，同时不会对恋情过分担心。他们能够有效表达自己的情感，很善于发现和了解伴侣的情绪变化。他们与伴侣分享自己的成功和所遇到的问题，在伴侣需要的时候能够在他们身边提供帮助。

其他类型的人能够从安全型身上学到很多东西，但安全型采取的方式并不一定意味着恋情能够有一个完美的结局。如果长期容忍伴侣的坏习惯，把最终的裁决权交到伴侣手上，等待安全型的将是一段令人痛苦的恋情。

Chapter 11

第十一章

从性别历史看男女行为特征

第一节
性别的历史

男人和女人，这是一对说不清道不明的“冤家”。有这样一个笑话：

上帝创造了人以后，口袋里有两件东西没有分配。他难以决定哪样给亚当，哪样给夏娃。他觉得还是应该问问他们自己。

上帝告诉亚当和夏娃，其中一件东西就是站着撒尿。“那样很方便，”他说，“我想知道你们谁先来选择。”

亚当高兴得跳起来：“把那个给我吧，我喜欢那样，似乎男人应该那样。请把它给我吧！”

亚当一边说，一边像小孩子那样激动兴奋，而此时夏娃只是微笑，对上帝说如果亚当真的那么想要，就允许他站着撒尿吧。于是上帝就把那件东西给了亚当。

亚当非常兴奋，他满心喜悦地开始使用这种能力，先是滋到岩石的另一面，然后在沙子上写下自己的名字，最后，他试图用尿冲刷十英尺以外的树干。

看着亚当玩得那么带劲，上帝对夏娃说：“我想你一定也喜

欢我剩下的那件东西，因为很有用。”

“那东西叫什么？”夏娃问。

“智慧。”上帝说。

本是一个忍俊不禁的笑话，却道出了男女性别的巨大差异。在探讨男女行为特征差异之前，有必要了解性别的历史。

很多人以为男女从古至今一直都是不平等的，男尊女卑是人类有史以来的“天然”秩序。事实却并非如此。

在历时数十万年的原始社会中，男女两性和谐而平等地生活在一起，人们的主要活动和生存手段是狩猎和采集，因此这个时期的社会又常常被称为“狩猎采集社会”。在那个年代里，男女相互尊重。有解剖和生理证据证明，当时的社会是男女平等的，女性受到男性的尊重，女性对人类社群的繁衍生息的作用如果不是比男性更重要，至少也是与男性同等重要。

更精细的研究发现，漫长的原始社会可以以发射式武器的发明来分为前后两段。在前一段时间，女性比男性的地位略高一些；在后一阶段，男女关系趋向平等。

在发射式武器未发明之前，人类从狩猎获得的食品远远低于从采集获得的食品，人类主要不靠打猎而靠采集存活，因此人类的生存在很大程度上主要依靠女性。在那个时期，女性既是生命的赋予者，又是维持人类生存的主要经济来源的提供者，因此女性一直占据主要地位。这也得到了考古研究的佐证：许多古老文化中发现的女神崇拜证实了“女尊男卑”时代的存在。

后来，发射式武器被发明出来，女性的地位略有下降，女尊男卑的状况变为男女同等重要：狩猎武器被用于战争，女人采集和缝纫的重要性相对下降，猎人和士兵在社会中的地位日益重要起来，而他们在大多数情况下是男人。

那么，“女尊男卑”或者男女平等怎么会演变成“男尊女卑”呢？

恩格斯认为：古代男女平等，从私有制产生后，女人才成为男人的财产，才回到了私领域。大约在公元前4000年，文明开始出现，从狩猎采集社会向农业社会的过渡结束了男女平等的体制。父权制应运而生，随即传播到全世界。在父权制社会中，男人成为统治者，人类从此丧失了原始社会的男女平衡。

从那时起，女性的地位一路下降。这一倾向在过去4000年间不断加速。

自从社会变成了男权制的社会，男性被视为唯一养家的人，而正是这种养家人的角色最终造成了性别分层：男主外女主内。因此，养家成为男性权力的核心。

虽然男权制在不同的社会和文化中有不同的表现方式，但是“男尊女卑”的思想在很长一段时间内根深蒂固。

直至近代社会，封建社会的结束标志着“男尊女卑”思想的结束：社会从法律层面规定了男女平等。

但是，法律层面的男女平等并不代表意识层面的男女平等。相反，成千上万年的历史沉淀在今天的男女行为特征里依然可见其模糊的踪影。

神话寻踪

女神崇拜的历史

女神崇拜最早可追溯至公元前35000年，是世界上最古老的宗教。被认为是新人代表的克鲁马奴人于公元前约35000年出现时，我们从他们的肖像与艺术品中发现了最早的代表女神的形象。

最早，女神被看成是万物之母，其形象的演变可以在整个中东、欧洲以及印度寻到线索，印度宗教把女神崇拜带上了更高的精神祭坛。在《圣经》所述的时代，女神崇拜在整个圣地风行——女神阿什拉受到特别的膜拜，在传说中有人把她当成耶和华的配偶，或者就是耶和华本人。阿什拉在很多地方是以一块直立的所谓“阿什拉石”来表现的，不但代表女神，而且还有生殖崇拜的象征意义。

在中国，女神崇拜也是历史上的一大课题。从女娲、西王母到骊山老姥，都揭示了中国古代原始母系社会的女神崇拜现象。它标示着一个民族对种群文化基因的认同和凝聚。

女娲是中国史前最伟大的女神之一。《淮南子·览冥》中记载：上古时候，四根柱子废了，九州也裂开了。天不能全部覆盖，地也不能全部承载。到处都是大火，洪水长期泛滥，猛兽吃人，大鸟也以攫取老年和孩子为食。这时候，女娲就炼五色石来补天，折下鳌足做柱子，杀黑龙来救济冀州，积起芦灰来止住洪水。她的功劳，上可以达到九天，下可以到达地府。

无疑，女神崇拜具有重要的文化价值——对女神的崇拜，反映了中国人思维的一个定式特征，即将女人放置在“旎婳”的界面上，她是和美好、贤淑、奉献、牺牲、给予、仁慈、博爱、德行、聪慧、睿智同义的。因而，中国古代的女神是单向度的，凡是对人类、动物、植物、自然界有益的善事和好事，一定是女神所为，而不像男神那样具有两面性，他们既做善事，也做恶事，而他们一时“失误”所犯下的坏事、恶事，终究要让女神来弥补。

第二节
大男子主义PK大女子主义

鉴于历史上存在“男尊女卑”和“女尊男卑”的事实，特别是女权运动带来的“矫枉过正”，大男子主义和大女子主义都有存在的市场。

可以说，几乎所有的中国男人都有不同程度的大男子主义。生活中，时常有女人赞美男人时会说“算得上个大男人”，但贬低男人时也说“太大男人了”。真是“成也萧何败也萧何”，连男人们都困惑了：“大男人”究竟是个什么东西?

深究起来，大男子主义是和我国几千年“男尊女卑”的封建思想影响分不开的。男耕女织的普遍生活方式，造就了第一批大男子主义者。封建社会里，女性没有任何社会地位，嫁鸡随鸡，嫁狗随狗，一切生杀大权都掌握在男人手中，“娶来的媳妇买来的马，任我骑来任我打”，丈夫可以胡作非为，妻子却不能有半点恼怒。时至今日，这种现象虽然有了很大程度的改变，但在个别男性身上，依然能看到这种烙印的痕迹。

不过，大男子主义现在已经与时俱进地改良了，就像十几年前火爆荧屏的电视剧《激情燃烧的岁月》里的那个会打老婆屁股的石光荣，虽然有些霸道，但骨子里是爱老婆的。

曾拍过《白蛇传》、《天龙八部》等诸多大戏的著名影星刘涛就公开表示，要嫁就嫁有“大男子主义”的男人。光头老男人凌峰也是从不忌讳谈自己的“大男子主义”做派，问题是，如此极端的大男人仍会每天早上坚持给太太泡牛奶，督促她吃早饭，这样的“强权”，让人觉得特别可贵、温馨。

其实，女人是复杂的：一方面希望有依靠，另一方面又想独立自由。新时代的男人也识时务地淘汰了传统大男子主义的糟粕，而保持了原来“强有力”、“负责任”等核心优点。他们在社会、单位、家庭中往往处于举足轻重的地位，为周围的人带来安全感。

传统老式的大男人虽然沉稳、冷静，但是内心充满了顽固不化的思想包袱，他们渴望维护原有的秩序……因此，传统大男子主义意味着男人在婚姻中占有绝对的主导和支配地位，一切是“他说了算”，另外也充分地表达了一种“不平等”，所以常常被妇女解放运动当作批判的目标。

但是，当今的“新大男子主义”虽然也有“好高”、“独断”等毛病，但是相对温柔了、阳光了，甚至更有责任感了。

所以说，作为男人最大的行为特征，大男子主义是把双刃剑，让女人欲说不能，欲罢还休。

其实，大男子主义的形成除了历史原因外，也与生理特点有关。

谁都知道这样的事实：男人愤怒时容易火冒三丈，女人愤怒时却往往能保持缄默。显然，相比起女人而言，男人是种冲动的动物。但是，这是为什么呢?

现今的科学家找到了答案，原来男人和女人的大脑存在性别差异——大脑内控制情绪反应的杏仁体存在性别差异。

研究表明，杏仁体不仅在结构上存在性别差异，形态与功能上同样存在性别差异。而且，情绪反应时，杏仁体激活的大脑区域也存在性别差异。美国加利福尼亚大学的神经病学专家拉里·卡希尔教授发现了这一事实，并将文章发表在2006年第30期《神经病学图像杂志》。

解剖学上，杏仁体骑跨于左右半脑，控制类似于恐惧情绪的保存和遗忘。研究表明，当杏仁体被激活，比如志愿者回忆起恐怖故事时，杏仁体的工作方式在男人和女人的身上存在巨大差别——男人的右侧杏仁体显得更活跃而女人的左侧杏仁体显得更活跃。

为此，拉里·卡希尔教授与他的同事分析了36例男人和36例女人的脑扫描图像，而且这些人都是右势手。摄像时，这些志愿者都闭上眼睛并保持放松状态。结果，研究小组发现，即使在放松状态下，杏仁体的工作方式也存在性别差异——在女人的大脑，血流主要流向左侧杏仁体并随之流向大脑其他区域；男人则正好相反，右侧杏仁体血供充足而左侧很少，而且随之流向的大脑区域也与女人迥然不同。

这样的发现至少能说明两点问题：其一，由于两侧杏仁体的

血供存在性别差异——男人的右侧血供更充足而女人的左侧更充足，这就说明杏仁体在结构上具有性别差异，并且解释了为什么男人的右侧杏仁体更活跃而女人的左侧杏仁体更活跃；其二，随之流向的大脑区域在男人身上和女人身上迥然不同，这说明与杏仁体相关的神经中枢存在性别差异。

通过进一步研究，拉里·卡希尔教授发现了更深层次的机制。他说，更有意思的是，当杏仁体处于工作状态时，它所激活的大脑区域也不同——女人往往激活下丘脑和脑皮质下层，而下丘脑是控制机体紧张反应和情绪反应的区域；男人则往往激活大脑的运动和视觉区域，这些区域是机体与外界联系的重要中枢神经指挥系统。

简而言之，女人的杏仁体激活时，随之将控制情绪反应的下丘脑和脑皮质下层激活，这将使女人的情绪反应得以良好控制——难怪女人能够很好地控制自己的情绪，表现较平静；而男人的杏仁体激活时，大脑的运动和视觉中枢随之被激活，这使男人具有更强的警觉性和进攻性——难怪男人难以控制自己的情绪，显得冲动易怒！

所以说，当雄性荷尔蒙决定了男人的性别特征时，杏仁体的性别差异决定了男人难以控制自己的情绪而成为一种冲动的动物！

当然，有“男尊”带来的大男子主义，就有“女尊”带来的大女子主义。

自从女性解放运动以来，女权主义开展得如火如荼，“同志大翻身”的时代让女人扬眉吐气，《我的野蛮女友》等电影的播出更是起到了推波助澜的作用。追求男女平等本无可厚非，只是事情一旦到了“矫枉过正”的程度就不免有“大女人”之嫌。

记得八十多年前，林语堂先生曾说：“出嫁是女子最好、最相宜、最称心的职业。”时至今日，这种说法越来越受到女性的鄙夷。

如今，“女强人”成为一个很中性很富于时代色彩的名词。很多事业有成的女人私底下总是会说：“我并不想成为外人看来那个彪悍的样子。”她们想要的无非也是女人的共性：独立的事业以及拥有完整的家庭生活。

但是，女强人的称谓让一些男人讳莫如深：似乎是既伤了祖上的名声，也伤了自己的男人气节。男人对女人普遍有种想法：能否上得厅堂无所谓，下得厨房却是必须的。如此一来，女强人的生存环境似乎不容乐观。

“中国女人的野心指数很高，虽说中国人讲中庸，但其实目的性很强，希望自己出类拔萃，成为中心，已婚的爱比家庭，未婚的比自身条件，甚至还有女人和丈夫比，这就是很多问题的根源。中国女人受到社会环境给予的压力很大，没有别的办法，只能在‘不断比较中’度过。”情感女作家苏芩如是说，“在这‘战胜’的过程中给足了身边所有人包括自己压力。”

真是一语道破天机！

时下，另一种大女人形象应运而生。就像在歌曲《大女人》中演绎的一样，蔡琴一直都以大女人的形象展现在我们面前。在“蔡琴迷”的眼中，大女人就是聪明地善于把自己的软弱交给“他”的女人，是每一个男生梦寐以求的。

于是，有人将今天的大女人概括为“大女人胸怀，小女人情怀”。就像于丹所言：“女人胸怀大，在世界上才能做成事；女人情趣小，才天真可爱永不沧桑。将这两者结合起来，才能让自己的生命永葆新鲜，让自己在应对种种挫折苦难和挑战时，内心饱满，永远乐观。”

如此看来，相对男人而言，女人更加应该充当“善变”的角色。

无独有偶。英国科学家竟然为“女人善变”的说法找出了科学依据：男性的性格特征与女性相比更有前后一致性。这是性别选择造成的结果。

埃克赛特大学科学家调查发现，在大多数生物中，雄性的行为前后更一致、更容易预测。与此相反，雌性更喜欢改变行为，也更愿意根据环境作出不同反应。英国《每日电讯报》引述研究负责人、埃克赛特大学博士维布克·许特的话报道：“我们的研究显示，在一系列不同情况下，雄性倾向于表现出更多前后一致性，做出更多可预测的行为。雌性则对雄性的这些特点表现出更高的接受度。”许特还说：“我们在不少生物身上发现这种惊人的相似性。”

追根溯源，研究者认为，性别选择是导致男女性格差异的关键所在。

性别选择理论最早由查尔斯·达尔文提出，指雄性间竞争可以导致物种特征进化，令人眼花缭乱的孔雀尾巴和超大的鹿犄角就是性别选择的产物。不过，先前科学家虽对性别选择影响外表的理论充满信心，但对它如何影响个性却不敢肯定。埃克赛特大学科学家指出，男性之所以行为更容易预测，是因为这样可以帮助他们吸引异性。研究的另一负责人萨沙·多尔博士说：“男性的个性应该和外形一样，是为吸引异性进化而来。”

这个科学发现至少告诉我们一个道理：男人和女人的不同行为特征除了与历史原因有关外，还与生物进化有关！

○心灵氧吧

男人哭吧不是罪

曾经，香港歌星刘德华的一曲《男人哭吧不是罪》红遍大江南北，引起无数男人的共鸣。其实，男人流泪真不是错，这也得到了多项科研成果的支持。

有这样一项科学实验：研究人员把受伤的老鼠分成两组，一组能流泪，另一组老鼠的泪腺被摘除，无法流泪。实验结果显示，能流泪的那组老鼠，伤口愈合得快，而且伤好后肤色饱满，精神面貌很好。而被摘掉泪腺的那组老鼠，不但伤口开始扩散、愈合缓慢，而且皮肤也失去弹性，变得枯萎，松弛。

可见，人和其他一些动物之所以要哭，是因为身心受到了创伤与刺激，哭是一种宣泄与慰抚，是正常的心理表现，应该顺其自然。

如果强制不哭，内心的宣泄没法排出，受伤的心灵得不到来自自身的慰抚，生理上就会产生不平衡，身体就会受到损害。医学家研究证明，现代人由于工作生活紧张，长期承受着工作生活上的压力，身心积累并产生大量的毒素。这些毒素，平时很难排泄，只有在哭泣时，才能从泪水中排泄。

进一步的研究表明，眼泪的形成除了和泪腺有关外，还与几十种其他腺体有联系。因而，眼泪的成分相当复杂。因悲伤而流的“情绪眼泪”和被洋葱刺激阶段的“化学眼泪”成分大不相同，在“情绪眼泪”中，包含着儿茶酚胺，而“化学眼泪”中却没有。儿茶酚胺是一种大脑在情绪压力下释放出的化学物质，过多的儿茶酚胺会引发心脑血管疾病，严重时，甚至还会导致心肌梗死。因此，因“情绪”而流眼泪，也是一种排“毒”。另外，因“情绪”而流眼泪也是呼吸系统、循环系统、神经系统的集体运动，这种运动也使情绪和肌肉放松，从而使人轻松，起到缓解压力的效果。

所以，我们应该抛弃“男人有泪不轻弹”的固有观念，该流泪时就流泪。更何况，男性从遗传学上来说比女性更脆弱。

瑞典和美国研究人员合作，对在1987—1996年十年中出生在瑞典的66万婴儿进行调查，发现男婴分娩时间普遍比女婴晚。统计表明，26.5%的男婴孕期超过41周，而女婴孕期超过41周的只有22.5%，在这一点上男婴比女婴高出4个百分点。同时，男婴孕期超过43周的几率是女婴的1.5倍。

这样的研究结果告诉人们，男性似乎天生就比女性脆弱。

男性的脆弱突出表现在，男性性细胞（精子）、大男人（成人）、小男人（儿童）和胎儿都容易受到烟雾、化学物质、杀虫剂和激素的损害，而精子和男性胎儿对有害物质的反应更加强烈。

第三节
阴阳失调的年代

时至今日，男人与女人的行为特征更是打上了时代的烙印。有人戏言：这是一个阴阳失调的年代。

海派清口周立波在“笑侃改革开放三十年”中有个段子：“多年来，我一直有个疑问，花木兰从军十二载，怎么可能没人发现她是女的？后来看到李宇春，我终于明白，这事完全是有可能的。”

一语引得全场笑声四起。笑过之余，也让人回味。

诚然，现代社会流行中性元素：远看是男，近看是女，走到跟前分不清是男是女。更有甚者，男人变美人，女人化须眉。所以，当李宇春、周笔畅以帅而酷的俊朗形象火热荧屏的时候，用脚趾头思考就能猜出肯定会有某位男人以娇而嗲的柔媚之姿享誉神州内外。果不其然，小沈阳以苏格兰格裙，大蝴蝶发卡，捏着嗓门发颤音的搞怪形式从千千万万个充满阳刚之气的男人堆中脱颖而出，另一个外表绝对男人扮相绝对美人的李玉刚，一曲《贵妃醉酒》让人感叹时光倒流。

一言以蔽之：男人能做到的，女人都能做到；女人能做到的，男人也不含糊。

深究起来，随着机械化越来越普及，体力劳动日趋减轻，劳动密集型工厂日趋减少，伴随着电子网络时代的到来，男女分工的界限越来越不明显，可以说真正意义上地做到了男女平等和同工同酬。由此带来的中性潮开始引领时尚，因此势必影响人们的日常生活及理想追求。

譬如从服装上看，设计师更倾向于让女孩子们穿上看起来英姿飒爽的服装，在粗犷的男性剪裁下，刚柔并济的精神表露无遗。几乎每一件衣服都可以找到雌雄同体的特点：款式男性化，而线条却女性化。而带给男装阴柔风气的是“亦男亦女”的设计潮流。范思哲（Versace）已经开始对下垂的褶皱、浅色缎子、洛可可风格的印花、紧身连衣裤、迷你裙……这些女性时装元素进行大胆借鉴，让纤细的“少男”形象也逐渐从T台上挤走了肌肉男。选秀出身的张杰、陈楚生、马天宇无不带着漂亮男生的脸孔左右着人们的视线，其中马天宇更被网友选为宝哥哥这一极具柔媚气质角色的最形象扮演者。连作家圈演艺圈也沾染了中性风气，比如纤细甚至带点娇柔之气的郭敬明，比如大大咧咧自称为老徐的徐静蕾。总之，男人女性化，女人男性化，这几乎成了当今社会的一大流行趋势。其实，这也“得益”于激素的“作祟”。

不得不说，我们生活的社会，可以说无处不充斥着雌激素，正因为这些雌激素，使得现代男人开始有女性化的倾向。

首先是塑料制品的影响。塑料制品中的邻苯二甲酸盐对男性胚胎的性别正常发育产生了危机。国外的专家已经证实，这种化学物质对女孩没有影响。但对男孩来说，他们出生后，与其他孕期母亲没有接触该物质的男孩相比，体内邻苯二甲酸盐含量较高的男孩玩汽车、火车和枪或者是参加打斗游戏更少。也就是说，这种物质会使男胎的睾丸激素减少，改变他们的大脑发育和男性生殖器功能。

此外，母亲怀孕时，使用的化妆品中也含有雌激素。化妆品的使用目的就是为了让女性的皮肤更加光滑，减少皱纹、暗疮等。这些雌激素通过母体吸收后，再通过胎盘被胎儿吸收，势必会干扰男胎体内的雄性激素生成。

当男宝宝呱呱坠地后，他们就不得不面对着一种全新的雌激素，即环境雌激素。比如养殖者为了提高产量，缩短生长期，往往给养殖品投食雌激素。如果进食了这些养殖品后，人体内的雌激素水平也会增加。

除此之外，生活方式的改变，也让男性逐渐“女性化”：上下有电梯、出入有汽车，很多体力活也逐渐由机器替代。换言之，现代的男人四肢活动越来越少，结果肌肉越来越少而脂肪越来越多。而脂肪是雌激素生成的保证，其组织具有将雄激素转换为雌激素的能力，使得男性体内的雄激素减少，而雌激素相对增多。

雌激素的“发威”，让男人女性化有了坚强的“后盾”。辩证学告诉我们：当男人女性化的时候，女人男性化也就有了存在的土壤。

话题至此，我们就不难明白近年来“男性解放”的含义了。

“男性解放”是20世纪90年代涌现的新名词之一。那些希望“解放男性”的专家宣称，男性背负了太多的责任，希望从事业拼搏者的固定角色中解放出来，以分享女人那份拥有家庭生活的自由。

客观地说，独生子女的长大成人为“男性解放”和“大女人”提供了一个很好的时机。20世纪70年代末，第一批独生子女的诞生，造就了中国的第一批“小太阳”。这个时期以后出生的男性，大都从小被细心呵护，而保护神大多由母亲、奶奶或外婆这类母性角色担当，即使上学了，中小学的老师也是“阴盛阳衰”。因此，当他们长大成人后，更多地对女性充满感激和尊重，他们会更容易接受比较多元的社会角色，如大女人或温柔的男性。

其实，不管“男性解放”也好，男人女性化也罢，都是历史发展的趋势。如果看到下列文献资料，不知道今天的男人会作何感想：

10年前，英国牛津大学人类遗传学教授布赖恩·塞克斯在他的著作《亚当的诅咒》一书中阐述了男性可能会从地球上灭绝的惊人理论。塞克斯教授在接受美国广播公司采访时，甚至详细预测了“没有男人的地球”将会是什么模样。塞克斯教授称，Y染色体是男性独有的染色体，它是决定一个胎儿是男孩还是女孩的基本条件。Y染色体会由父亲遗传给儿子，而女性身上则不存在Y染色体。他说，人类最早的“原始版本”应该是女性，男性只是女性遗传基因变异的产物而已。塞克斯教授解释说：“从理论上来说，男性都是基因变异的女性。”

塞克斯教授称，和其他染色体不同的是，男性特有的Y染色体无法自行修复基因变异带来的损伤，它正在随着人类的进化而逐步退化，根据Y染色体逐步消亡的速度计算，大约125000年后，Y染色体将会彻底失去功能，这意味着男性到时也许将从地球上灭绝。但是，即使地球上没有男性存在，女性照样可以通过“单性生殖”继续繁衍，这已不是科幻，而是近在眼前的现实。

事实上，英国纽卡斯尔大学的研究人员已经掌握了通过男性骨髓细胞培育“人造精子”的技术，他们下一步计划是通过女性骨髓细胞来培育“人造精子”。一旦实验成功，女性就可以独自繁衍生育后代。不过，由于通过女性干细胞培育出来的“人造精子”缺少Y染色体，她们“单性繁衍”的后代将全部是女孩。

这样的结论是不是让全天下的男人倒吸一口冷气呢！所谓“存在即合理”，好好珍惜今天的男人和女人才是我们应该考虑的事情。

○反弹琵琶

谁是男人的最爱?

女人永远是一个迷茫的角色，特别是迷惑于现实社会而乱了方寸的女人。连恩格斯都说，“卖淫是对一夫一妻制的必要补充”，对于妓女他老人家在社会学层面上也表示无可奈何，可见女人在社会上要扮演的角色远比男人复杂。那么对于新女性来说，到底要做一个什么样的女人呢？翻阅经典，借助传统女性的五种宿命，也许能有所启迪。

第一种是妻子，是明媒正娶的“贤内助”和“孩子妈”。对于一个正妻来说，正常女性的许多特点不仅没有存在的必要，而且没有更好。比如年轻美貌不仅毫无必要，反而容易“朝秦暮楚”、“招灾惹祸”，甚至“红杏出墙”，就连诸葛亮这样的大人物都说：丑妻是福。

第二种是妾，即小老婆，是男人专门娶来或者买来补充正妻的不足。她们年轻美貌，能满足男人对“嫩若青枝”、“秀色可餐”和“金屋藏娇”的心理需求；撒娇耍嗔，争风吃醋，但又适可而止，唯命是从，以满足男人“玩女人”的需求。但是，妾也必然有妾的缺欠，男人不能真的跟她们玩什么感情游戏。

第三种是婢（丫鬟）。她们是主要从事体力劳动的（半）女奴。婢的地位更低，但她们能充分满足男人的大男子主义情结，男人一时冲动（与之上床）后，还能提为偏室，比如《红楼梦》里的袭人，就满怀这样的梦想。

第四种是尼姑。她们一般不会跟男人有什么瓜葛，但是恰恰因此，她们实际上是男性社会里的“贞节花瓶”，以便让男人们觉得，这个世界多么圆满啊，毕竟还有一些守身如玉的圣女，供我们崇拜，也供我们激发性幻想。

第五种是娼妓。对于中层男人来说，中级娼妓扮演的是“隔壁的女子”那样的角色，使这种男人可以在她们那里合理合法地尝一尝偷情的鲜，过一过通奸的瘾；对于上层男人来说，高级娼妓则是他们的“梦中情人”。不难理解，“青楼女子”是当时天下女人里最有才艺修养、最温文尔雅、最善解人意、最善于社交的女子，成为唯一一种能够吸引士大夫情感的女子。

这样一种严密的社会角色之网，对于女性来说，无疑是一种窒息。在中国古代，再有本事的女人，充其量也只有这五种前途。

当然，现在以这样的标准来谈论女人，不管怎样都是一种罪恶。但社会变化不代表男人的劣根就消失了，恰恰相反，现在的男人正是没有了以往那种公开“品味”女性的场合，心里就更多了些花花肠子。所以，现在的痴男怨女比以往任何时候都多。那么，作为现在迷茫的女性来说，应该吸取哪些教训呢？

首先，做了妻子不代表你就是男人的最爱，或者说你永远是男人的最爱，现在那么高的离婚率就说明了问题。男人需要贤内助，所以他必须娶妻。但娶了回来，男人的口味就不同了。有了妻，他就想妾，因为妾一样的女人能满足他的新鲜感。如果妾哆过了分，男人就可能看上婢一样的女人，因为她们温顺。所以现在二奶才有其市场。但是妾也好，婢也好，是不能交流感情的，所以男人就渴望一个可以充分交流的情人，也就是“青楼女子”一样的女人。搞来搞去，折腾够了，看到尼姑一样的女人，男人就会眼睛一亮，如见世外桃源。不否认，男人就有这样的劣根性！

那么，妻、妾、婢、妓、尼姑，到底谁是男人的最爱呢？很显然，从传统社会的现实到现实社会的传统，可以说，谁都是男人的最爱，谁也不是男人的最爱。

Chapter 12

第十二章

从房中术看两性行为心理

第一节
先知先觉的性文明

谈起性历验，中国绝对是一个先知先觉的国家。在其他民族还没有进化成熟的时候，4600年前的黄帝就开始与素女和玄女探讨性学问题了，医学巨著《黄帝内经》有此记载。

在宋代程朱理学“饿死事小、失节事大”的理论出现之前，中国古代的性文明可谓灿烂辉煌、精彩纷呈，就连一贯不食人间烟火的佛学著作也有涉猎。在《佛说秘密新经》中，就将男女苟且之事称为“敬爱”之事，并对此作了具体形象的指导。佛学如此，其他学派更不在话下了，比如道教，更是大谈“房中术”。

房中术又名“房术”、“房中”、“房内”、“房室养生”、“黄赤之术”、“男女合气之术”，是中国古代医家和道教关于如何在男女性生活中获得乐趣、保健、胎教、优生、延年益寿的学问。基于道家的阴阳思想，性被作为一种修身养生的方法。

追溯起来，“房中”一词最早见于《汉书·艺文志》，文中记载：“房中者性情之极，至道之际，是以圣王制外乐以禁内情，而为之节文……乐而有节，则和平寿考。及迷者弗顾，以生疾而陨性命。”

鉴于房中术的隐晦性，它在历史上多被人用作淫秽之术，因此也经常遭到政府的封禁，其本身的内容反而为大多数人所不了解。

事实上，中国古代房中养生家大都着眼于交而不泄、交而少泄、精神不散、调协阴阳以养生这一目的。历史上著名的医学家和房中术理论家孙思邈在《千金要方·卷二十七》中对此有如下论述：“夫房中术者，其道甚近，而人莫能行其法。一夜御十女，闭固而已，此房中之术毕矣。”

具体来说，中国古代房中术有以下几点主张：

一是提倡男性节欲。千百年来，房中术最大的特点在于医家和道家通过对“纵欲伤身”现象的观察，提出了“节欲养生”的主张，即主张两性在享受性快乐的同时，还要节制性生活，兼顾健康与长寿。对于男性而言，这种“节欲论”观点更加突出。

二是更关注女性的性满足。对于性满足，古代房中术更强调女性的感受，认为只有在女性得到性高潮的情况下，才对男女双方，尤其是男性的身体有利。所以房中术的性技巧大多针对激发女性的快感而来。具体来说，房中术最讲究的是性生活时要有前戏，对女方进行性唤起；性爱时间适度，且一定要等女性获得性高潮后再结束。这种理论与现代性学中强调充分前戏、控制性爱时间的理论不谋而合。

三是对性生活的禁忌提得很多。总的原则是，无论男女，都不应在恶劣的气候、环境和心情下过性生活。应该说，这种提法不仅能带来良好的性爱质量，还能帮助夫妻优生优育。

四是提倡定期性保健。为了增强两性健康，房中术还提倡定期做性保健锻炼。例如1973年于湖南长沙马王堆出土的竹简古医书《天下至道谈》中就提到，每天早晨起床后应正坐于床，伸直脊背，放松臀部，做收敛肛门的锻炼。

无可否认，传统的房事养生观念有其合理的地方。但是，也有不少人对房中术存在误解：有的人将“一滴精十滴血”、“精枯髓竭”的理论奉为性生活准则，还相信狗鞭、虎鞭能壮阳……

所以，遵奉房中术的做法显然是可笑的，但一棍子把它打死也不对。

毋庸置疑的是，房中术一经出现，几乎激发了古代人的“性开放”。然而程朱理学盛行后，性得到了一定的抑制。但是，这种抑制实在是没能持续多长时间，明代王阳明的“纵欲”哲学出现后，又一次吹响了“性开放”的伟大号角。

任何理论的出现都是为了适应现实的需要，性学理论的蓬勃发展正好反映了古代中国人的“性开放”。略举一例，圣人孔子就是“野合”的产物，而出土的大量春宫画以及发现的大量“交媾”壁画更是能说明问题。

所以说，中国是一个有着悠久性文明的国家！

万花筒

变味的性文明传承

都说要对老祖宗留下的东西“取其精华，去其糟粕”，但是古代文明的“性开放”在现代却得到了很好的“发扬光大”，只不过是变相成了一种不太健康的性开放。

古代男人可以三妻四妾，现代人法定只能一夫一妻。照理说，法律约束下，性开放没有很好的土壤。不过，墙内损失墙外补——虽然没有合适的土壤，性开放却是无法忽视的事实。

重庆市少女意外妊娠援助中心曾经对社会青年的性行为做了一个调查，结果令人目瞪口呆——每人性伴侣平均为5个，最少的3个，最多的9个。

古代男人也嫖娼，但是古代的青楼文化硬是能孵化出杜牧、柳永、杜十娘、苏小小这样的人物，让李敖这样的大师也兴趣盎然地“且从青史看青楼”。今天的女人也卖淫，女大学生也不例外，但是只能躲在阴暗的角落里干些见不得人的事情。2005年，重庆市沙坪坝区法院就判决了杨氏三兄弟组织女大学生卖淫案，涉及女大学生数十人。消息传开，一片哗然。女大学生尚且如此，何况他人？

至于婚外性行为，古人更是不可与今人同日而语。一项城市婚外情的数据显示，有超过14%的男女有过婚外性行为。古人也“野合”（孔子就是“野合”的产物），但古人的“野合”就像吃惯了素菜突然换一盘腥食，有其习俗章法，全然没有今人这般声势浩大、影响深远。

事例众多，不胜枚举！

上下五千年，“床上性”就像吃饭一样习以为常，以致酝酿出几千年灿烂的性文明。但是，先知先觉了几千年的性文明发展到今天竟会如此窘迫，这是为什么呢？几千年的老祖宗都不忌讳公开谈性，“性开放”传统也是一路流传下来，但是，今天的性开放却让人心惊胆战，这又是为什么呢？

不可否认的事实是，古人的“性开放”与现代人的性开放有着本质的区别。

首先，古人的“性开放”都是带着一种庄严的色彩来谈论，因为他们不是为了性而性，而是当作一种文明来看待，当作“感恩上苍的赐予”而谈性。但是现代人呢？

社会发展到今天，对于性，早已没有了神秘感。如果说，古人是把性当作一种文明而“性开放”，那么今人的这种为了性而性的性开放是为了什么呢？难道说现代人对于性的认识还落后于古人，显然不可能。那么该如何理解呢？只能说，在性的问题上现代人出现了普遍的“返古”思想——刻意追求回归原始的本性！

谁都明白性放纵不是一件好事，根本不需要医学家来阐明乱性的危害，也不需要道学家鼓吹道德的重要性，更不需要法学家警告不要以身试法。至于社会学家声嘶力竭地挖掘性开放里包含的种种社会问题，实在是浪费口舌而没有抓住问题的关键。用黑格尔的话说，“存在就是合理”，那么多人明明知道性放纵不好而偏要为之，这里面必然有其深刻的社会原因。

面临痛苦和迷茫时，人就会有回归自然的想法；心情浮躁、压抑、空虚时，人就会有返璞归真的情结。浮躁、压抑、空虚之下，身体内的本能欲望渴望得到释放以宣泄外界的种种压力。现代人在性开放上的大幅度“返古”行动——肆意放纵自己的原始本性，恰恰说明了整个社会的大浮躁、大压抑、大空虚！

这种浮躁、压抑、空虚心理导致的本能释放不仅表现在原始的“床上性”，更突出地表现在“网上性”。

互联网内有句行话，如果有10个人上网的话，1个人看新闻，2个人打游戏，3个人QQ聊天，剩下4个人在视频做爱！

现在，单纯视频做爱都显落后了，一种称为“网络性爱遥控器”的科技产品已经问世，而且还是由我国一家电子公司承制。在“网络性爱遥控器”的帮助下，相隔千里的两个人可以产生极端仿真的性爱感受，真真达到了“长程射精”的目的，实在是叫人大开眼界！

为了更好地发泄身体的性本能，不惜借助最先进的电脑技术来达到痛快淋漓的感觉，让性来得比原始人更野蛮粗鲁，比现代人更快捷方便，这不是浮躁、压抑、空虚心理下的变态激情释放又是什么？

第二节
两性行为的心理特征

纵然存在上下五千年的房中术，但是房中术的心理奥秘一直为人所忽视。究其实，在房中术的众多技巧中，性心理一直像只“幕后的推手”，操控着“台前表演”。

笼统来说，性心理涉及性有关的一切心理活动，如性的认识、性的情绪体验、对性行为的控制等。现代研究表明，性心理的结构包括以下四种基本成分：性感知，性思维，性情绪，性意志。而且，各成分之间存在着密切的关系，他们相互联系、相互制约，其中性思维起主要作用。通过性思维，个体不断地获得对有关性问题的理解，进而逐渐形成对有关性问题的某些观点。这些观点趋于系统化和稳定化，促使一定的性爱观的形成，成为个体价值的一部分。

可见，性心理之下，男人和女人的两性行为就有了一定的特征体现。

譬如，女人常常埋怨男人花心，尤其是看见美女就两眼发光。这其实不足为奇，因为男女在性心理习惯方面有很大的差异。

司空见惯的情形是，几个男青年凑一块，特别是几个熟人在一起闲聊时，往往出现猥谈。但是，这不能简单地视为低级下流，而应该视为常见的男性性心理反应。其原因主要有三：打发无聊，借这一类无聊的话松弛日常生活的紧张；让闲聊气氛更和谐融洽；当附近有女性时，有人故意表现言语猥亵，想借此一睹女性听到这一类话时的反应。

而且，男性的心理特征决定了男性喜欢触摸女性的性心理，换言之，男性先天就有强烈的“接触异性欲”。这也符合动物学上的一个原理：“性爱的行为，只有雄性发挥其积极性，方为可能。”恋爱中的男女，男性往往特别希望能触摸到女性，这是由于他希望能把双方的亲密感具体表现出来从而在内心得到确认。

此外，男性容易受到裸体照和脱衣舞的挑逗。这是因为，女性是“触觉型”，而男性是“视觉型”。男子喜欢看女人裸体的这种性意识的强弱，是由个人固有的色情性和跟对象接近的难易之函数关系来决定的。也就是说，女性越遮隐的部位，对男性的这种心理越有刺激性。

生活中还存在着这样的现象，在大街上，两组男女从相反方向走过来，擦身而过时，都向对方投去一瞥。这时，女性的一瞥是向同性投去的，而男性则是向异性投射。女性一瞥，是下意识的对抗、竞争、攀比心理，男性一瞥是无意间的“多视性”。鉴于这个特点，无怪乎很多女人指责男人“花心”。

另一个常见的情形是，处在恋爱阶段的男性，往往会直截了当，或者装作若无其事地询问女方的过去。这样的表现其实也不稀奇，因为男性的独占欲强烈。男性普遍有这样一种心理：当他爱上一个女人并想和她结婚的时候，他既希望从目前到以后独占她，也希望她的过去也是只属于自己。一些男人狭隘的贞操观与这种心理不无关联。

与男人外露的特点不同，女人普遍显得内敛。女人的内心世界往往隐藏着一些性秘密，她们通常不愿向男人透露。

时下，不少男人只顾赚钱而忽视了性爱，因为繁忙的工作使性爱的精力减少了。时间一长，便会使妻子产生性饥饿。一位30多岁的女性说："我结婚十多年来，夫妻俩的性爱一直很和谐，可是自从丈夫经商以后，我们的性生活越来越少，而且，每次完事后总感到分外疲倦，以致我原来的性快感都荡然无存了。我几次都想向他表明我的内心想法，但每次话到嘴边都无法开口。"

由于女人在性爱中常常缺乏主动性，故男人往往认为女人缺乏性情趣，其实这是误解。性生活是正常的生理和心理的需要，无论是男人还是女人都会有性要求，而当女人在出现性冷落或性饥饿时，她们更是渴望性情趣。女人需要性爱，渴求性爱的情趣，这是自然的、合理的、无可非议的，不能将此视为性轻佻、性淫荡。

爱情需要时间去巩固，性和谐需经验积累。当代性学家们一再呼吁，留给性爱一点时间和精力，其意义就在于此。

那么，女人需要哪些性情趣呢？其实，不同年龄的女性往往对性情趣要求也不一样。一般来说，二十几岁的女性祈求浪漫的性情趣——谈情说爱，富有诗情画意；三十几岁的女性，随着爱情的成熟，她们渴望丈夫分担家务、教育子女和重视家庭生活；四十几岁的女性，多半希望丈夫有足够的时间进行感情沟通；五十岁以后的女性，注重情语，她们渴望和丈夫一起回忆往事、南朝北国无所不谈。对此，男人应善于观察、探索，及时给予女人性情趣，以便满足其性要求。

深究起来，“好色”是人的本性，女人甚至比男人更加“好色”。

一项研究显示：让一个女人观察一幅色情图160毫秒，她们的大脑便会处于高速运转状态。和其他视觉画面相比，色情图片可以使女人的神经元细胞以超过正常20%的速度活动起来，而且这种兴奋程度也比男人高许多。

另据英国互联网巨头“最后一分钟”所做的一项调查显示，女人每天花在思考性爱上的时间比男人要多。

这个颠覆了传统观念的调查是在4000名英国居民中进行的。调查显示，不论男女，所有人在一天中的大多数时间里，都在思考与工作有关的事情。不过相比较而言，男人的事业心更重，他们每天要利用10个小时思考与工作有关的事情，只有150分钟用来思考与性有关的问题；女人每天用来考虑工作的时间平均为 8.5个小时，而思考与性有关的问题则花费了180分钟。仔细分析这个调查结果后，很多性学家指出，这并不是男女的天性有了什么变化——女性是“感情动物”，对性的思考直接源于爱的体验。她们在一天中思考更多的是怎么与伴侣度过美好的休闲时光，而不光是性爱。而男性变得不那么“性”致勃勃，主要是激烈竞争的结果。

为此，专家给男人提出了适当减压的具体建议：男士应该平衡事业和家庭的关系，学会像女性那样，在工作间歇也享受一下思念家人的乐趣；在办公桌上放张家人合照，在电脑屏幕上设置爱人的头像，不仅对他们的工作是种调节剂，对家庭和谐也是很好的帮助。

○史海纵横

古代的同性恋

分析两性行为的心理特征，就不能不提及一个特殊群体——同性恋。

深究同性恋的历史存在形式，也许会让人大吃一惊，因为上下五千年的中华文明里居然有太多同性恋的记载！

中国的同性恋最早可追溯到中华文明的始祖黄帝。清代文人纪晓岚在《阅微草堂笔记》中称“杂说娈童（男同性恋）始黄帝”。当然这种说法的依据只是民间传说。而中国同性恋最早的史料记载则来自商朝。《商书·伊训》中谈到“三风十衍”，书中提到这不好的“三风”，其中之一是“乱风”，而“乱风”中的“一衍”就是“比玩童”，也就是今天所说的同性恋。

在商代之后，同性恋一直没有从中华文明中消失。到了春秋战国时代，同性恋交往更趋活跃，当时最有影响、最有成就的同性恋者首推楚国伟大诗人屈原，在他的《离骚》、《思美人》等诸多作品中，都流露出诗人对楚怀王的恋情。

到了强盛的汉代，帝王将相的同性恋活动屡见史书。据《史记》、《汉书》记载，前汉皇帝几乎个个都有同性情人。汉代著名人物如汉武帝、汉文帝、大将军卫青和霍去病等，都有过同性恋经历。

至晋代，同性恋已经成为上层社会的一种普遍风气。《晋书·五行志下》记载：自咸宁、太康之后，男宠大兴，甚于女色，士大夫莫不尚之，天下相仿效，或至夫妇离绝，多生怨旷。

士大夫们爱同性超过了爱异性，而且达到了“莫不尚之”的程度，以至于造成许多夫妇离异，可见同性恋在当时已经成为一个十分严重的社会问题。

明清时期，由于保存下来的文献资料比较丰富，加上文人们率直敢言，所以有关同性恋方面的材料保留下来的更多。

袁中道为著名的三袁之一，诗文写得都极有灵气。他在《心律》一文中写道：自恨与沈约同癖，皆由远游，偶然此习。吴越、江南，以为配偶，恬不知耻。

短短一段字，告诉了我们几件事情：第一，作者爱男色超过了爱女色；第二，南北朝时期的著名文学家沈约也是一位同性恋者；第三，当时的江南一带，男子与男子因恋爱竟然结为配偶，过上了家庭生活。

要准确理解同性恋的存在，我们需要了解性心理学的一个重要名词——性取向。

性取向或“性偏好”是用来描述一个人性渴望、幻想和感觉的对象。性取向的范围很广泛，包括绝对同性恋、绝对异性恋以及不同程度的双性恋和少数的无性恋。异性恋的性取向指向异性，同性恋的性取向指向同性，双性恋的性取向伴侣选择既可以是同性也可以是异性，无性恋指对性毫无兴趣，也称“第四性取向”。

第三节
读出性爱动作的心理玄机

不仅仅是广泛意义上的两性行为的心理特征，其实就在狭义的性爱动作里也隐藏着心理玄机。

邓女士最近遇到了一件烦心事，满肚子委屈却无法向外人诉说。

一直以来，邓女士与丈夫恩爱有加。平日里，丈夫很迁就她，几乎从来不勉强她干不愿干的事情。纵然在房事上，丈夫也是全然没有赳赳武夫之风，而是谦谦君子之相——动作温柔，体贴入微，似乎生怕动作粗鲁而伤了妻子。

有时候，邓女士甚至觉得丈夫缺乏男人味：试想，夫妻生活本应由男人“主动进攻”，女人岂好积极主动呢？倘若男人表现得太内敛，如何能尽兴呢？

但不管怎么样，邓女士对丈夫怀有一种莫名其妙的感激，因为她知道，这是丈夫爱她的表现。毕竟，丈夫是压制了自己的本能冲动而呵护自己。

然而，一段时间以来，丈夫就像变了个人，曾经的君子作风荡然无存——虽然在生活上依然无微不至地呵护她，但是在房事上一再霸王强上弓，而且动作粗鲁，一点都不顾及她的感受，仿佛成了他一个人的表演。

怎么回事？邓女士很纳闷。念在丈夫对她一贯以来的呵护，她又不好发作，只有强忍自己的不满而配合丈夫。

更让邓女士纳闷的是，这样的状态没有持续太长时间。一个月后，丈夫竟然又逐渐恢复了以往的作风。这就像一段不和谐的插曲，让邓女士满心疑惑：这到底是怎么回事呢？

为了了解邓女士丈夫的心理，不妨回顾一下电影《色戒》里的一个情节：

易先生第一次约会王佳芝，王佳芝为了勾引易先生，故意慢慢解开旗袍纽扣，风情万种地情挑对方，孰知易先生不吃这一套，而是霸王硬上弓——野蛮地撕破王佳芝身上的旗袍，抽出皮带就往她身上打。然后再拿皮带绑住她的手，接着剥光她的内衣……

来势汹汹，扯头发，撕破衫，皮带抽，霸王硬上弓，一切符合强势男人的架势——易先生的表现很容易让人联想到古代的帝王作风，显然，在唯我独尊的帝王眼里，性爱不过是体现“天下我为大”的一种方式。

其实，不仅是古代的帝王，今天的男人都有一种帝王情结——潜意识里认为自己就是家里的“皇帝”，理当享受由自己随心所欲来支配的家庭生活包括性生活。只不过，爱让男人压抑

了自己的帝王情结而兼顾女人的感受，表现得动作温柔。

但是，当压力太大时，男人需要“放纵”自己的本能欲望来释放压力，帝王情结就有了用武之地：在沉默中爆发的定律在性爱中得到了体现。

所以，当一个男人突然在性爱中一反常规地动作粗暴而激烈时，这往往是心理压力过大的一种强烈信号。

再看一个案例：

陈先生恋爱了，但他的心情一点也不轻松。

刚谈恋爱的时候，陈先生觉得女朋友温柔可爱——其时，她大学毕业不久，正为找工作的事情而烦恼，但陈先生还是无可救药地爱上了她。

谈了一段时间，两人同居了。同居的日子里，女朋友的工作依然没有着落，陈先生却无怨无悔，每月从工资里挤出部分钱来供女友生活。生活虽有些苦，但性爱让人销魂，陈先生心里还是美滋滋的。

同居一段时间以后，陈先生却开始犯嘀咕，倒不是因为经济拮据，而是因为女朋友的床上表现越来越让他不解。

刚同居的时候，女朋友在性爱上表现得非常内敛，甚至有些羞答答的味道。这让陈先生很受用，颇有怜香惜玉的美感。也不知从哪天起，女朋友开始在性爱上“反客为主”，大有一发不可收拾之势。比如，当陈先生准备脱女朋友的衣服时，她一把推开陈先生的手，自己麻利而快速地褪下衣服包括内衣内裤，赤裸裸地躺在床上，顺手扔过一个避孕套，然后就不动弹了，如果陈先生动作慢了或抚摩得久了，她会不耐烦地说：“磨蹭什么啊，赶紧脱衣服戴套啊。”

这样的情形出现得多了，陈先生便觉得索然无味：内敛的女人突然在性爱上“反客为主”，甚至比男人还豪放，很容易让人联想到性工作者——失去了神秘感和羞涩感，性爱岂不是味同嚼蜡？

要揭开陈先生的困惑，王小波在《黄金时代》里的这个情节有启示意义：

她的嘴唇冷冰冰，对爱抚也毫无反应。等到我毛手毛脚给她解扣子时，她把我推开，自己把衣服一件件脱下来，叠好放在一边，自己直挺挺躺在草地上。

陈清扬的裸体美极了。我赶紧脱了衣服爬过去，她又一把把我推开，递给我一个东西说：

“会用吗？要不要我教你？”

那是一个避孕套。我正在兴头上，对她这种口气只微感不快。套上之后又爬到她身上去，心慌气躁地好一阵乱弄，也没弄对。忽然她冷冰冰地说：

“喂！你知道自己在干什么吗？”

我说当然知道。能不能劳你大驾躺过来一点？我要就着亮儿研究一下你的结构。只听“啪”的一声巨响，好似一声耳边雷，她给我一个大耳光。

纵观王小波的小说《黄金时代》，我们随时可以发现性爱情节。但是，作者所要表达的并不只是表面的内容，而是通过性爱来表达这一时期青年们内心无聊的宣泄，是发自内心的孤独与寂寞。

陈清扬的动作看似缺乏女性的内敛而直奔主题，这种“豪放”作风正好显示了她内心的苦闷——无聊的状态容易让人产生回归原始的冲动，借此忘却现实的烦恼。

事实上，女人在性爱上往往是内敛的动物——当一个内敛的女人开始在性爱上“反客为主”而直接得让男人难以接受时，男人是否应该多琢磨女人内心深处的苦闷和烦恼呢？

还有一个案例：

人到中年是非多，袁女士真切感受到了这一点。单是工作上的事情就够操心了，家庭生活方面也一堆烦心事。

袁女士与丈夫结婚已近二十个年头。结婚以来，虽然偶尔有些小争吵，但夫妻间感情一直不错。然而最近一段时间，袁女士明显感觉到了丈夫的异常，因为他常常坐着发呆，表情忧郁。这让袁女士很紧张：莫不是碰到什么事了？她反复追问，丈夫只是淡淡地一笑：什么事也没有，不要瞎担心。

更让她纳闷的事情在后头。

自从孩子出生后，袁女士与丈夫的房事越发没劲，就像例行公事一样按程序进行。然而这段时间，丈夫在房事上的表现却让她感到怪异：当袁女士褪下最后一件内衣时，丈夫没有像往常一样爬上来，而是坐在她身旁一动不动，缥缈的眼神盯着她的胴体，像欣赏一尊裸体雕塑，当袁女士惊诧地看着丈夫或不自觉扭动身体时，丈夫会轻轻地说句“闭上眼睛不要动”，然后就是长时间的寂静，尴尬的气氛往往随着丈夫“穿上衣服吧，睡觉了”一句话而结束。

只看不动！这是什么逻辑？如此一而再，再而三，袁女士彻底糊涂了：丈夫到底中了什么邪？

袁女士的困惑能在《睡美人》中找到答案。川端康成的《睡美人》是一部充满人性思考的严肃之作：

一位叫江口的老人，前后五次到一家“睡美人旅馆”过夜。

这个已年近古稀、有三个女儿且添了孙辈的老人，一边爱抚吃了安眠药昏睡的年轻姑娘，一边回忆自己青年时期的风流韵事。他虽花钱买乐，却又时时感到屈辱，尤其是面对年轻的躯体，更反衬出他萎缩丑陋的老相。与江口同样，那些隐秘地到“睡美人旅馆”来过夜的老人始终无法实现青年人般的梦想，即便是只有身体没有灵魂的姑娘不会醒来，抑或在一刹那间他们不会产生自卑感，可摆脱不掉的愧疚时时撕咬着老人的心。只有在“睡美人旅馆”，这些老人才可能暂时找回自信，暂时忘却自卑，忘却羞耻，因为他们面对的是活着的“死人”。

随着社会压力的增大和生理功能的退化，成年男人往往有一种力不从心的自卑情结，只不过很多男人不愿流露出这种缺乏阳刚之气的自卑情结，特别是在房事上更是“打肿了脸充胖子”——谁愿在女人面前承认自己“不行”呢？

所以，“睡美人”能得到自卑男人特别是功能衰退而梦想不再的老年男人的青睐，因为她可以让男人暂时找回自信而忘却自卑。

只是，现实中哪有川端康成笔下的“睡美人”呢？于是，当男人要求女人露出胴体供自己“欣赏”且说“闭上眼睛不要动”时，当男人对女人只看不动时，谁能明白他内心的自卑情结呢？在那一刻，时间凝固了，自卑消失了，曾经的激情与梦想正在他的脑海里一一回放，但回荡在他脑海里的主旋律依然是愧疚和伤感！

不要责怪男人的“怪癖”，多体谅外表坚强内心脆弱的男人的自卑吧！

○性爱课堂

以色取性，让男人俯首称臣

全世界的避孕套中，90%为白色，粉色其次，随后是黑色、黄色以及蓝色。在避孕套这简单的颜色里，隐藏了男人极其深奥的性心理秘密！

众所周知，男人是种视觉动物——性欲望在很大程度上由眼睛唤起。进一步研究表明，男人不是简单的视觉动物，而是带有明显的颜色选择性——在避孕套的选择上，全世界的男人都表现出了极其明显的颜色倾向！既然男人是种颜色倾向明显的视觉动物，女人们何不充分利用这一特性以色取性，让男人乖乖地拜倒在自己的石榴裙下，俯首称臣呢？

研究表明，对于男人而言，不同的颜色意味着不同的性吸引力。

白色代表一种强烈的性吸引力——研究发现，身着白色服装的女人非常容易吸引男人饥渴的目光，白色服装的女人如白色制服的护士最易成为男人的性幻想角色。

粉色是另外一种强烈的性吸引颜色，因为粉色本身就是一种暧昧的颜色——歌舞厅里到处都是灯光投射下的朦胧粉色，即是借助粉色挑逗男人性致的一个典范。

其实，白色和粉色之所以能够成为男人的性催化剂，不是在于直接的视觉刺激，而是通过刺激男人潜意识里的性本能而发挥功效——这两种颜色最容易挑逗起男人的性致，激发起男人狂野而浪漫的性幻想！在全世界范围内，90％的男人选择白色避孕套，其次是粉色避孕套，原因即在于此！

相比起白色和粉色，红色和黑色则是具有直接的视觉刺激效果——男人见到这两种颜色，意识里马上就会产生“挥刀上马”的性冲动。

不可否认，红色是种令人激情涌动的颜色，特别对于男人而言，就像一枚炸药，可以随时炸开男人的心。当看到一个身着红色服装的女性时，男人的心脏就会马上快速跳动，他这时想到的事情没有其他，就是性爱——红色可以立即唤醒他强烈的性欲冲动，使得肾上腺素分泌增加，从而激励他为了满足自己的性欲去做任何事情！

黑色对男人的杀伤力也不容忽视，因为黑色能够带来巨大的神秘感——男人总有一窥女人衣服内胴体的欲望。显然，黑色是遮掩得最为彻底的颜色，这就无异于挑起男人最强烈的揭开冲动，让男人的头脑充满犯罪的念头。

了解了几种让男人为之疯狂的颜色，如何以色取性，让男人在性爱面前乖乖地俯首称臣就很简单了。